Hedi Mittermeier – Monika Schweiger-Holl – Ute Steinbach

Rechtschreiben

nach Lernfeldern zum Sachunterricht

3. Jahrgangsstufe

Graphische Gestaltung: Hedi Mittermeier

umweltfreundlich
auf
chlorfreiem
Papier

ISBN 978-3-89291-**373-3**

Geschichten und Erzählungen
Kimis Flug ins Ungewisse
Die gruseligste Nacht in Tinas Leben
Der Pfingstspatz (Franz Hohler)
Hannes fehlt (Ursula Wölfel)
Rita ärgert sich (Rolf Krenzer)
Fabeln, Schwank
Der Rabe und der Fuchs (Äsop)
Die Stadtmaus und die Feldmaus (Martin Luther)
Der Hase und die Schildkröte (Äsop)
Der Wettlauf zwischen Hase und Igel
Der Fuchs und der Ziegenbock (Äsop)
Der Müller und sein Sohn (Frans Haacken)
Märchen, Sage
Swimmy (Leo Lionni)
Jorinde und Joringel (Gebrüder Grimm)
Prinzessin und Prinz: (Märchen erfinden)
Rübezahl und die Wandergesellen
Legende, Gleichnis
Der heilige Nikolaus (Volksgut)
Der heilige Martin (Nacherzählung)
Gleichnis vom verlorenen Sohn (Lukas)

Gedichte
Wenn das M nicht wär' erfunden (James Krüss)
Das Kostbarste (Helmut Zöpfl)
Der Herbst (Akrostichon)
Ferienzwölfchen schreiben können
Das große, kecke Zeitungsblatt (Guggenmos)
Sonnengesang (Franz von Assisi)
Wann sind Freunde wichtig? (Georg Bydlinski)
Es ist Frühling (Jahreszeiten)
Vögel im Winter ... (Bertolt Brecht)
Wer bin ich? (Dreizeiler)
Ein großer Teich war zugefroren (Goethe)
Sachtexte
Wie lebt der Maulwurf unter der Erde?
Maulwurf und Igel (Äsop)
Die kleinen Kolosse der Savanne (Stefan Greschick)
Wie lebt das Eichhörnchen im Wald?
Auszüge aus Kinderbüchern
Frederick (Leo Lionni)
Der gute Räuber Willibald (Rudolf Otto Wiener)

Textknacker 3
Nr. 520 *112 Seiten* € 18,90

Geschichten und Erzählungen
Piraten auf Schatzsuche • Stan Stix vom andern Stern • Alles ist gegen Tom (Rosemarie Künzler-Behncke) • Die Geschichte vom grünen Fahrrad (Ursula Wölfel) • Hirsch Henri in der Badewanne (Ingo Offergeld) • Ich bin so gemein gewesen (Irina Korschunow) • Wo ich sein will, wo ich bin (Gina Ruck-Pauquet)
Fabeln, Parabeln, Schwank
Der Löwe und die Maus (Äsop) • Von zwei starrköpfigen Ziegen (Jean de La Fontaine) • Tillie und die Mauer (Leo Lionni) • Der Fuchs und die Katze (Brüder Grimm) • Die drei Söhne (Leo N. Tolstoi) • Mali vom Berg (Hanna Hannisch) • Ein Gerücht (Heinz Steguweit)
Märchen, Legenden, Gleichnis
Prinzessin Rosenrot • Prinz Reiskorn • Der störrische Esel und die süße Distel (Karl Heinrich Waggerl) • Gleichnis vom verlorenen Schaf (Lukas)
Gedichte
Farbelfchen • Wer kommt gekro-? (Josef Guggenmoos) • Rondell • Der Wind (Josef Guggenmoos) • Das Wasser (James Krüss) • Ein Riese warf einen Stein (Josef Guggenmoos) • Ich bin froh, dass ich bin, wie ich bin (Elberta H. Stone)
Sachtexte
Welpen erziehen (Janice Marriott) • Die beliebtesten Haustiere • Warum klopft der Specht?
Auszüge aus Kinderbüchern
Das gehört mir (Leo Lionni) • Brif, Bruf, Braf (Gianni Rodari) • Rennschwein Rudi Rüssel (Uwe Timm)

Textknacker 4
Nr. 524 *144 Seiten* € 20,90

Vorwort

Ziel der Leseschatztruhe ist es, dass die Kinder lernen, sich bewusst mit Texten auseinander zu setzen und dadurch ihre Fähigkeit zum sinnentnehmenden Lesen erweitern. Nicht selten kommt es in der 3. Jahrgangsstufe vor, dass die Kinder zwar flüssig lesen, die Information der Texte aber unzureichend verstehen und kaum in eigene Worte fassen können. Lesen bereitet jedoch erst dann wirklich Freude, wenn das Gelesene verstanden wird und die Aussagekraft des Textes bzw. der Geschichte klar wird.

Um diesem Ziel näher zu kommen, wurden zwölf unterschiedliche Texte ausgewählt, mit denen sich die Schüler mit Hilfe eines Arbeitsblattes auseinander setzen können. Die Arbeitsblätter beinhalten gezielte Fragen zum Text, Übungen zur Worterschließung und Aufgaben zum exakten, wortgenauen Lesen. Das textgerechte Antworten steht im Vordergrund, um Oberflächlichkeit beim Lesen zu vermeiden.

Vor Beginn der Textarbeit sollte der Lehrer jedoch nicht vergessen, die Schüler mit gewissen erleichternden Arbeitstechniken vertraut zu machen. Dazu gehören vor allem

- das Lesen des gesamten Textes und aller Arbeitsaufträge zu Beginn,
- das Unterstreichen von Textstellen und Verwenden unterschiedlicher Farben,
- das Zurückstellen schwer lösbarer Arbeitsaufträge.

Die Lösungsblätter bieten den Schülern die Möglichkeit zur Eigenkontrolle. Gespräche im Klassenverband, um eventuell die Absicht des Autors zu klären und um Alternativlösungen zu besprechen, sollten die Lesestunde abschließen.

Die sechs Lernzielkontrollen am Ende des Buches sind ähnlich wie die Arbeitsblätter strukturiert. Aufgrund der bereits vertrauten Art der Fragestellung ist es für die Schüler möglich, sie problemlos zu bewältigen. Die dazugehörigen Lösungsblätter erleichtern dem Lehrer die Korrektur der Probearbeiten. Die Auswahl der Leseproben ist der Lehrkraft selbst überlassen.

Lesetexte mit Arbeitsblättern
1. Freunde (Gina Ruck-Pauquèt)
2. Schniefnase geht schlafen (unbekannter Verfasser)
3. Frederick (Leo Lionni)
4. Der kleine Stationsvorsteher (unbekannter Verfasser)
5. Ein Wunsch ist frei (unbekannter Verfasser)
6. Der Drachentöter von Mixnitz (unbekannter Verfasser)
7. Der erste April (Erica Lillegg)
8. Die Libelle (Josef Guggenmos)
9. Ein Stürmer zuviel (Christian Bieniek)
10. Der Stein (Dagmar Christiansen u.a.)
11. Spaziergang im Stadtwald (Karl Piepho)
12. Ritter Uli (Ursula Wölfel)

Lesetexte mit Proben
1. Wie die Schwalben bauen (Heinrich Grupe)
2. Manfred und die anderen Kinder (Cornelia Beck)
3. Die Erde in der Mülltonne (Jan Winton/Fred Pearce)
4. Bären im Flugzeug (Peter Bamm, erzählt von Leo Koch)
5. Bewegungslos werden (Friederike Naroska)
6. Der Wald im Herbst (Barbara Froehlich)

Leseschatztruhe 3
Nr. 394 *110 Seiten* € 18,90

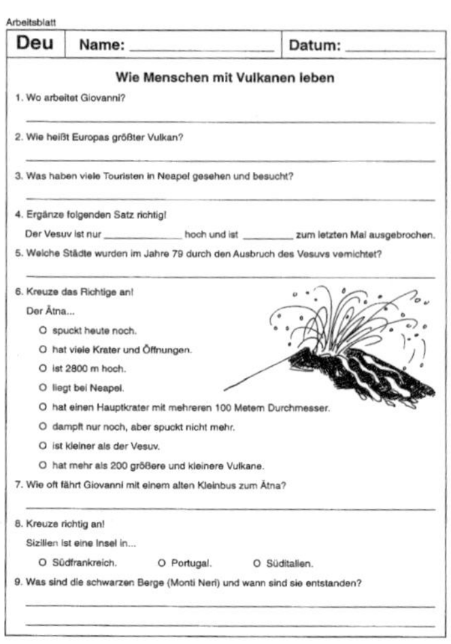

Lesetexte mit Arbeitsblättern
1. Die Linde (Gudrun Pausewang)
2. Barry (unbekannter Verfasser)
3. Wer erfand das Fahrrad? (unbekannter Verfasser)
4. Lila mit grünen Streifen? (Gina Ruck-Pauquèt)
5. Und was machen wir mit ihm?
6. Der Regentropfen (Peter Biegel)
7. Nikolaus für den Nikolaus (Toni Francis)
8. Zwei auf einer Bank (Hans Stempel/Martin Ripkens)
9. Der Löwe (unbekannter Verfasser)
10. Made in Hongkong (Franz Hohler)
11. Wie Menschen mit Vulkanen leben (Werner Kirst)
12. Ein Ostermorgen vor vielen Jahren (Rolf Krenzer)

Lesetexte mit Proben
1. Nur acht Fische (Verena Pollmannski)
2. Hannes fehlt (Ursula Wölfel)
3. Alles wie jedes Jahr (Katrin Topsch)
4. Deutsches Rotes Kreuz, bitte kommen! (Theo Stracke)
5. Das Gespenst in der Scheune (Marieluise Bernhard v. Luttitz)
6. Vorsicht! Lawinen (unbekannter Verfasser)

Leseschatztruhe 4
Nr. 395 *112 Seiten* € 18,90

Methodische Hinweise

Konzeption

Die Lernprogramme *„Rechtschreiben nach Lernfeldern zum Sachunterricht“* für die 3. und 4. Jahrgangsstufe (Band für die 4. Jahrgangsstufe bereits 2005 erschienen) decken den gesamten Grundwortschatz ab.

Wie im Lehrplan vorgesehen, ist parallel dazu die Behandlung der orthographischen Regeln im Unterricht notwendig.

Das hier vorliegende Lernprogramm für die 3. Jahrgangsstufe wurde mit folgender Intention entwickelt:

a) Vernetzung zwischen den Fächern Deutsch und Heimat- und Sachunterricht (*fächerübergreifender Unterricht*)

b) Materialangebot für individualisierenden Unterricht

c) Förderung selbständigen Arbeitens in freien Arbeitsphasen (*Wochenplan, Lerntheken, Partner- und Gruppenarbeit*)

Einsatz der Materialien

1. Jede thematische Einheit enthält ein **Lernfeld** zur Einführung des neuen Wortschatzbereiches. Die jeweiligen **Arbeitsaufträge** können von den Schülern selbständig bearbeitet werden.

2. Die sich anschließende Kopiervorlage (*Vergrößerung des Lernfelds*) bietet die Möglichkeit, eine individuelle **Rechtschreibkartei** aufzubauen. Hiermit lassen sich vielfältige Übungen durchführen (z.B.: *Sortieren und Legen des Wortmaterials nach Silben oder Wortarten – Legen von Wortfamilien oder Wortfeldern…*).

3. **Kurzdiktate** eignen sich für die tägliche Übung. Die Korrektur erfolgt mit dem Partner oder in der Gruppe (*Rechtschreibkonferenz*). Auf diese Art und Weise trainieren die Schüler neben dem richtigen Aufschreiben zugleich die Fertigkeit, genau zu vergleichen und Fehler zu verbessern.

4. **Laufdiktate** fördern die Merk- und Konzentrationsfähigkeit.

5. **Faltdiktate** werden entlang der gestrichelten Linien gefaltet (wie eine Ziehharmonika) und anschließend von zwei sich gegenüber sitzenden Partnern diktiert bzw. aufgeschrieben. Fehlersuche und Fehlerkorrektur erfolgen wiederum gemeinsam.

6. Alle **Diktattexte** eignen sich auch als Informations- oder Lesetexte, die den Heimat- und Sachunterricht ergänzen.

7. Die **Rechtschreibproben** / Lernzielkontrollen (*„Bist du fit?“*) beziehen sich auf den erarbeiteten Grundwortschatz und die orthographischen Regeln. Sie sind nicht bepunktet, um dem Lehrer eine eigene Gewichtung der Aufgaben zu ermöglichen.

8. In allen Aufgabenstellungen werden auch bereits erlernte Grammatikregeln angewandt bzw. geübt.

Neben *„Sprache untersuchen“* findet auch der Lernbereich *„Texte verfassen“* Anwendung in diesem Programm. Über die Anregungen zum freien, kreativen oder auch gebundenen **Verfassen von Texten** werden somit zusätzlich die Wörter des Grundwortschatzes im Kontext angewandt.

Inhaltsverzeichnis

1.  Der Wald – *Lebensraum für Tiere und Pflanzen* **S. 5**

2. Im Wald 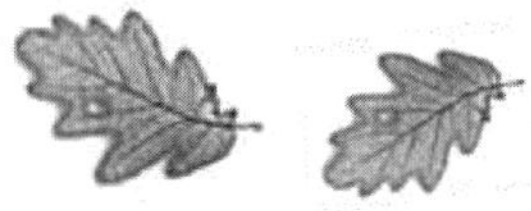 **S. 13**

3.  Feuer – Freund oder Feind?! **S. 21**

4. Augen auf!  **S. 29**

5. Ich kann hören  **S. 37**

6.  Elektrizität und Magnetismus **S. 45**

7. Wir orientieren uns im Raum 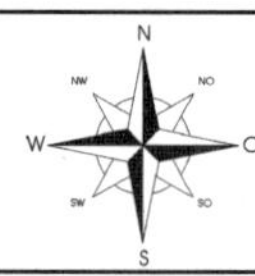

S. 55

8.  Mensch und Natur **S. 63**

9. Unsere Landwirtschaft im Wandel der Zeit  **S. 71**

10.  Menschen arbeiten **S. 79**

11. Medien und Werbung 

S. 87

12.  Restekiste 1 **S. 95**

13. Restekiste 

S.101

D-RS	Name:	Datum:

Der Wald
Lebensraum für Tiere und Pflanzen

Fuchs	kratzen	kriechen	beißen
reißen	tausende	wachsen	Gewächs
Stiel	Pilz	Moos	Rätsel
Kiefer	frei	Strauß	Vase
Käfig	spazieren	Spaziergang	zusammen
nie	Wälder	wieder	niemals

Arbeitsaufgaben:

1. Lies alle Lernwörter laut und markiere die schwierigen Stellen.
2. Drehe das Blatt um. Welche Wörter weißt du noch?
   Schreibe sie auf und vergleiche.
3. Ordne die Lernwörter nach dem Alphabet.
4. Ordne die Lernwörter nach Wortarten.
5. Schreibe die Lernwörter in Silben getrennt auf.
6. Lasse dir die Lernwörter diktieren.
   Vergleiche und verbessere.
7. Schreibe zehn Sätze mit möglichst vielen Lernwörtern.
8. Finde zu folgenden Lernwörtern Reimwörter:
   kriechen ***reißen*** ***Vase*** ***Stiel***
9. Finde verwandte Wörter zu folgenden Lernwörtern:
   Fuchs ***wachsen*** ***Rätsel***

   Dein Wörterbuch kann dir dabei helfen.

Fuchs	kratzen	kriechen	beißen
reißen	tausende	wachsen	Gewächs
Stiel	Pilz	Moos	Rätsel
Kiefer	frei	Strauß	Vase
Käfig	spazieren	Spaziergang	*zusammen*
nie	niemals	Wald Wälder	wieder

D-RS	Name:	Datum:

Der Wald
Lebensraum für Tiere und Pflanzen

Kurzdiktate

1. Tag:

Im **Wald** haben viele Tiere und Pflanzen ihr Zuhause. Bäume, Sträucher, **Moose**, **Pilze**, große und kleine Tiere leben hier **zusammen**. Sie bilden eine Lebensgemeinschaft.

2. Tag:

Manche Tiere und Pflanzen können nur in ganz bestimmten **Wald**-arten leben. Nur dort finden sie ihre Nahrung. **Tausende** kleine Käfer und Würmer leben im **moos**igen **Wald**boden.

3. Tag:

Das ganze Jahr über findest du in unseren **Wäldern** verschiedene **Pilze**. Manche Pilze leben in einer engen Gemeinschaft mit ganz bestimmten Bäumen. Der Fliegen**pilz wächst** gerne unter Birken.

4. Tag:

Auch giftige **Pilze** erfüllen im **Wald** wichtige Aufgaben. Manche von ihnen dienen Tieren als Nahrung. **Reiße** also **niemals** achtlos **Pilze** heraus oder zerstöre sie mutwillig!

5. Tag:

Bei einem **Spaziergang** durch unsere **Wälder** kannst du immer **wieder** Neues entdecken. Weißt du, dass in einer Hand voll Walderde ungefähr so viele Lebewesen stecken wie Menschen auf der Erde leben?

D-RS	Name:	Datum:

Der Wald
Lebensraum für Tiere und Pflanzen

Partnerdiktat…zum STAUNEN

1.

Der **Fuchs** gilt in Märchen und Fabeln als schlau und listig.

In Wirklichkeit ist der **Fuchs** aber sehr scheu.

• • •

Ein **ausgewachsener Fuchs** misst insgesamt bis zu 1,30 m und wiegt fast 7 kg.

2.

Tausende kleiner Bodentiere zerkleinern und zer**beißen** das Laub.

Daraus entsteht Humus.

• • •

Auf diesem fruchtbaren Boden können **wieder** neue Pflanzen **wachsen**.

3.

Einige Pflanzen und Tiere sind vom Aussterben bedroht.
Das **freie** Leben ist gefährdet.

Sie stehen auf der *„Roten Liste*“.

• • •

Reiße niemals Blumen aus, um sie als **Strauß** in eine **Vase** zu stellen!

Fange keine **Kriech**tiere, um sie in einen **Käfig** zu setzen!

D-RS	Name:	Datum:

Der Wald

Diktat / Informationstext

Lebensraum Wald

Der **Wald** ist ein vielschichtiges **Zusammen**wirken von Pflanzen, Tieren und **tausenden** Kleinlebewesen. Unsere **Wälder** sind also **niemals** nur eine Ansammlung von Bäumen, **Gewächsen** und **Moosen**.

In **Wäldern** entsteht ein eigenes Klima. Dort wird der Sauerstoff gebildet, den Menschen und Tiere zum Atmen brauchen. Eine einzige **Kiefer** liefert an einem Tag den Sauerstoff für fast 50 Menschen.

Werden die **Wälder** abgeholzt oder durch Umweltgifte zerstört, zerstören wir die wichtigste Lebensgrundlage auf der Erde.

D-TV	Name:	Datum:

Tiere des Waldes

Schreibe einen Steckbrief über ein Tier, dessen Lebensraum der Wald ist.

- Beschaffe dir Informationen über das Tier deiner Wahl (z. B. Lexikon, Internet, Sachbuch).
- Achte darauf, dass deine Beschreibung alle wichtigen Informationen enthält.
- Verwende treffende Wiewörter (Adjektive) und Tunwörter (Verben).
- Stelle deinen Steckbrief im Klassenzimmer aus.

D-RS	Name:	Datum:

Der Wald – Lebensraum für Tiere und Pflanzen

Bist du fit?

1. Löse das Rätsel und trage die Begriffe in das Gitternetz ein.

Gefäß für Blumen ☐☐☐☐

Nadelbaum mit langen, paarig angeordneten Nadeln ☐☐☐☐☐☐

das Gegenteil von besetzt ☐☐☐☐

darin wohnen Wellensittiche ☐☐☐☐☐

2. Lies die Beschreibungen zu jedem Wort und kreuze die passende an.
   Ergänze anschließend im Lösungswort den oder die fehlenden Buchstaben.

	Er kommt im Wald oder auf Wiesen vor und besitzt Hut und Myzel.	Pil__
	Er hat immer einen roten Hut mit weißen Punkten.	

	Eine Blume besteht aus Blüte, Blatt und ...	St__l
	So bezeichnet man den Hals einer Giraffe.	

	Pflanzen tun es, wenn man sie gießt.	wa___sen
	Pflanzen tun es, wenn sie in einem dunklen Raum stehen.	

3. Setze folgende Wörter in die Mehrzahl. Schreibe den Begleiter dazu.
   a) der Wald
   b) der Strauß
   c) das Gewächs

4. Schreibe die Zahl 1000 als Zahlwort auf.

5. ***ie*** oder ***i*** ? Setze richtig ein.

spaz ___ ren kr ___ chen w ___ der

n ___ mals P ___ lz sch ___ mpfen

6. Schreibe das Tunwort „***reißen***“ in den folgenden Zeitformen auf. Verwende die Personalform „***er***“.

Gegenwart: ____________________

1. Vergangenheit: ____________________

2. Vergangenheit: ____________________

7. Vervollständige diese Sätze.

Die Kinder gehen zus__________________ zur Schule.

Die Katze kra______t an der Tür.

8. Finde zu folgenden Wörtern je ein verwandtes Wörter:

Gewächs	
Gebäude	
Rätsel	
frei	
beißen	

Du hast von _____ Punkten _____ Punkte erreicht.

Note: ☐ ***Unterschrift***: ____________________

D-RS	Name:	Datum:

Im Wald

Bett	Fichte	bisschen	reißen riss
Tanne	Mittag	kriechen kroch	rennen rannte
Reh	Hang	hängen hing	beißen biss
Laub	schief	schweigen schwieg	Nummer nummerieren
Stamm Stämme	lang länger	treffen traf	klettern
Nuss	hart härter	wachsen wuchs	umkehren

Arbeitsaufgaben:

1. Lies alle Lernwörter laut und markiere die schwierigen Stellen.
2. Drehe das Blatt um. Welche Wörter weißt du noch?
   Schreibe sie auf und vergleiche.
3. Sortiere alle Lernwörter nach dem ABC.

4. Ordne die Lernwörter nach Wortarten.
5. Schreibe alle Tunwörter (Verben) mit den Fürwörtern (Pronomen) „***er***" und „***wir***" auf. Setze sie in Gegenwart, 1. und 2. Vergangenheit.
6. Setze alle Namenwörter (Nomen) in die Mehrzahl.
   Schreibe sie mit Begleiter auf.
7. Schreibe alle Lernwörter mit ***ie*** auf und erkläre die Rechtschreibregel.
8. Nenne die Lernwörter mit doppeltem Mitlaut.
   Schreibe sie auf und erkläre die Rechtschreibregel.
9. Formuliere fünf Sätze in der 1. Vergangenheit, in denen möglichst viele Lernwörter vorkommen.
10. Lass dir alle Lernwörter diktieren. Vergleiche selbst und verbessere.

Bett	Fichte	bisschen	reißen riss
Tanne	Mittag	kriechen kroch	rennen rannte
Reh	Hang	hängen hing	beißen biss
Laub	schief	schweigen schwieg	Nummer nummerieren
Stamm Stämme	lang länger	treffen traf	klettern
Nuss	hart härter	wachsen wuchs	umkehren

D-RS	Name:	Datum:

Im Wald

Kurzdiktate

1. Tag:

Heute Morgen **kroch** ich schnell aus dem **Bett**, weil wir mit einem Förster in den Wald gehen wollten.

2. Tag:

Wir **kletterten** auf den Hochsitz, der ein **bisschen schief** war. **Schweigend** beobachteten wir die **Rehe** auf der Lichtung.

3. Tag:

Um uns herum standen große **Fichten** und **Tannen** mit dicken **Stämmen**. Dazwischen wuchsen **Laub**bäume mit riesigen Kronen, deren Äste fast bis zum Boden **hingen**.

4. Tag:

Ein Eichhörnchen **riss Nüsse** von einem Hasel**nuss**zweig.
Es knackte die Schale, die **härter** als Holz ist.

5. Tag:

Gegen **Mittag** mussten wir **umkehren**, da der Förster noch einige Bäume **nummerieren** musste.
Sie waren gestern gefällt worden und werden bald verkauft.

D-RS	Name:	Datum:

Im Wald

Laufdiktat / Dosendiktat

1. **Laub**bäume sind Bäume, die **Laub** tragen.

2. Im Herbst verfärbt sich das **Laub.**

3. **Dann** fallen die Blätter ab.

4. Im Frühjahr **wachsen** die Blätter von Neuem.

5. In einem Mischwald gibt es Nadel- und **Laubbäume**.

6. **Fichten** und **Tannen** kommen bei uns sehr häufig vor.

7. Lärchen sind Nadelbäume, die im Herbst ihre Nadeln abwerfen.

8. **Tannen**- und **Fichten**zapfen sind **härter** als Lärchenzapfen.

9. Bäume werden seltener von Schädlingen befallen, wenn sie in Mischwäldern **wachsen**.

D-RS	Name:	Datum:

Im Wald

Diktat / Lesetext

Gestern **trafen** wir uns im Wald.

Wir machten eine Zapfenschlacht. Schnell **rannte** ich hinter den dicken **Stamm** eines **Laub**baumes und **kroch unter** einen Busch. Zapfen sind **härter** als ein Ball und ich wollte nicht **getroffen** werden.

Dann **kletterten** wir zwischen den Bäumen einen **Hang** hinauf. Wir hielten uns an den Ästen fest.

Dabei entdeckten wir **Biss**spuren an den **Stämmen**. Hungrige **Rehe** hatten die Rinde **angebissen**.

Irgendwann **kehrten** wir **um** und **rannten** nach Hause.

D-TV	Name:	Datum:

Unterwegs im Wald

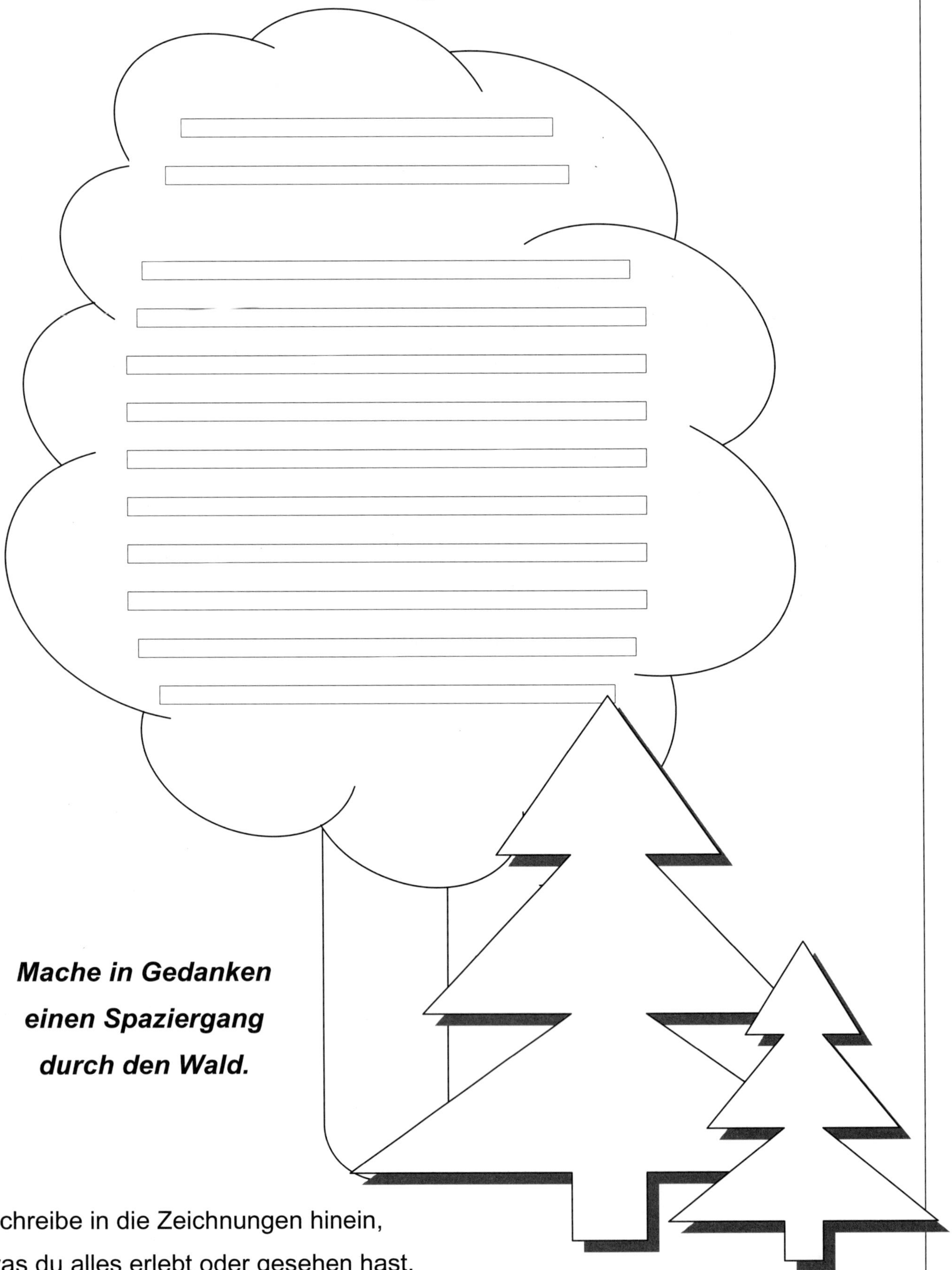

Mache in Gedanken einen Spaziergang durch den Wald.

Schreibe in die Zeichnungen hinein,
was du alles erlebt oder gesehen hast.
Verwende dabei, falls möglich, Lernwörter aus dem Lernfeld.

D-RS	Name:	Datum:

Im Wald

Bist du fit?

1. Streiche falsch geschriebene Wörter durch.

Bett | Nuss | rante | treffen | er biß | bischen

Tanne | kletern | Stamm | umkeren

Schreibe die Wörter richtig auf.

2. Schreibe die Tunwörter (Verben) in der 1. und 2. Vergangenheit auf. Verwende das Fürwort (Pronomen) „***ich***".

	1. Vergangenheit	**2. Vergangenheit**
kriechen		
schweigen		
hängen		
wachsen		

3. Rätsel

a) *Wenn man Nummern auf Blätter schreibt,*
dann n______ *man sie.*

b) T______ *und* F______ *sind Nadelbäume.*

c) *Die* N______ *hat eine* h______ *Schale als das Ei.*

4. Wie heißt das Gegenteil von...

gerade ______

weich ______

kurz ______

5. Finde verwandte Wörter in der angegebenen Wortart.

getroffen		**(Namenwort)**
Wachstum		**(Tunwort)**
Vorhang		**(Tunwort)**
mittendrin		**(Namenwort)**
Bisswunde		**(Tunwort)**
rennen		**(Namenwort)**

6. Schreibe den Satz richtig auf.

ÜBERGEFÄLLTEBAUMSTÄMMEZULAUFENISTGEFÄHRLICH.

7. Bilde zusammengesetzte Namenwörter (Nomen):

Laub	**+**	***Baum***	
essen	**+**	***Mittag***	
Baum	**+**	***Tanne***	
Schale	**+**	***Nuss***	
Fichte	**+**	***Holz***	

Du hast von _____ Punkten _____ Punkte erreicht.

Note: ☐ ***Unterschrift***: ____________________

D-RS	Name:	Datum:

Das Feuer – Freund oder Feind?

Brand	brennen	Heizung	Gefahr
feucht	plötzlich	Feuer	Schreck
außen	Stoff	trocknen	brauchen
Schutz	schützen	niemals	richtig
flüssig	jemand	*Kind*	*Papier*
erschrecken	Vorsicht	Technik	Quelle

Arbeitsaufgaben:

1. Lies alle Lernwörter laut und markiere die schwierigen Stellen.
2. Drehe das Blatt um. Welche Wörter weißt du noch? Schreibe sie auf und vergleiche.
3. Ordne die Lernwörter nach Wortarten.
4. Schreibe die Lernwörter in Silben getrennt auf.
5. Lasse dir die Lernwörter diktieren. Vergleiche und verbessere.
6. Schreibe zehn Sätze mit möglichst vielen Lernwörtern.
7. Verändere die Bedeutung folgender Tunwörter (Verben), indem du passende Vorsilben findest:

   brennen ***trocknen*** ***brauchen***

8. Sprich dir diese Wörter deutlich vor und höre auf den letzten Laut:

   flüssig ***Kind*** ***Technik*** ***Brand*** ***richtig*** ***jemand***

   Wortverlängerungen helfen dir, den richtigen Endlaut zu finden. Schreibe das Wort und seine Verlängerung auf.

Brand	brennen	Heizung	Gefahr
feucht	plötzlich	Feuer	Schreck
außen	Stoff	trocknen	verbrauchen
Schutz	schützen	niemals	richtig
flüssig	jemand	*Kind*	*Papier*
erschrecken	Vorsicht	Technik	Quelle

D-RS	Name:	Datum:

Das Feuer – Freund oder Feind?

Kurzdiktate

1. Tag:

Das **Feuer** spielte in unserem Leben schon immer eine wichtige Rolle. Wir ge**brauchen** es als Wärmespender, als Licht**quelle** und zur Zubereitung von Nahrung.

2. Tag:

Feuer wirkt gemütlich und ist schön anzusehen. Dr**außen** darf nur an dafür vorbereiteten Stellen ein Lagerfeuer angezündet werden. Man braucht **trockenes** Holz und etwas **Flüssigkeit** zum Löschen.

3. Tag:

Feuer kann jedoch auch sehr **gefährlich** sein. Beginnen **Papier** oder **Stoff** zu **brennen**, kann daraus **plötzlich** ein **schreck**licher **Brand** entstehen. Im Umgang mit Feuer muss man **vorsichtig** sein.

4. Tag:

Ver**brenn**ung findet statt, wenn der **Stoff** **brenn**bar ist und Luft vorhanden ist. Entzündet nun **jemand** den **Brennstoff**, entsteht **Feuer**. **Kind**er dürfen **niemals** mit dem **Feuer** spielen.

5. Tag:

Im **Brand**fall gilt es, sich **richtig** zu verhalten: Bleibe ruhig! **Schütze** dich selbst, indem du dich außer **Gefahr** bringst! Rufe die **Feuer**wehr! Gib Auskunft über die **Brand**ursache und den Ort!

D-RS	Name:	Datum:

Das Feuer – Freund oder Feind?

Laufdiktat / Dosendiktat

Ein Feuerwehrmann erzählt:

1. „Vor einer Woche wurden wir zu einem Haus**brand** gerufen.

2. Das **Feuer** war im **Heizung**skeller ausgebrochen.

3. Ein **technisches** Problem hatte einen Kurzschluss verursacht.

4. Im Keller daneben lagerte **getrocknetes** Holz und **Papier**müll.

5. Der **Schreck** war groß, als **jemand** den Rauch bemerkte.

6. Ein **Kind** alarmierte uns telefonisch.

7. Als wir am **Brand**ort eintrafen, mussten wir schnell handeln.

8. Wir löschten mit **Flüssigkeit** und bargen ein kleines **Kind**.

9. Ich kann euch nur raten, immer **vorsichtig** mit **Feuer** umzugehen."

D-RS	Name:	Datum:

Feuer – Freund oder Feind?

Diktat / Lesetext

Feuer

Das **Feuer** war eine der bedeutendsten **Entdeckungen** der Menschheit. Es bot stets Wärme und Licht und **schützte** uns damit vor den **Gefahren** der Natur.

Die Menschen werden **niemals** auf das Feuer verzichten können.

Nur trockene **Brennstoffe** entzünden sich und **verbrennen**, wenn Luft zur Verfügung steht.

Wir haben **Techniken entwickelt**, das **Feuer** für unsere **Heizungen** bequem zu nutzen. Automatisch wird Holz oder ein anderer **Brennstoff verheizt**, ohne dass wir ständig nachlegen müssen.

Die Abgase, die beim **Verbrennen** entstehen, werden durch eine gute Filter**technik** gereinigt.

D-TV	Name:	Datum:

Feuer – Freund oder Feind?

Schreibe eine Reizwortgeschichte.

- Betrachte die Bilder genau und überlege: *Was passiert?*
- Erzähle deinem Partner deine Idee.
- Notiere Stichpunkte. Achte darauf, dass die Reizwörter eine wichtige Rolle spielen.
- Schreibe eine Geschichte.
  Denke an den richtigen Aufbau: **EINLEITUNG – HAUPTTEIL – SCHLUSS**

D-RS	Name:	Datum:

Feuer – Freund oder Feind?

Bist du fit?

1. Streiche falsch geschriebene Wörter durch.

Brant – Kind – troken – feucht – richtig – Qelle

Stof – Schutz – außen – Technick

Schreibe die Wörter richtig auf.

2. Schreibe diese Tunwörter (Verben) in der 1. und 2. Vergangenheit auf. Verwende das Fürwort „***er***“.

	1. Vergangenheit	**2. Vergangenheit**
brennen		
schützen		
erschrecken		
brauchen		

3. Rätsel

a) Das Feuer br ________ *Sauerstoff, um zu brennen.*

b) Pl ________ *rollt der Ball auf die Straße.*

c) *Gehe* vo ________ über eine Straße, auf der viele Autos fahren.

4. Wie heißt das Gegenteil von ...

nass ________

fest ________

innen ________

5. Finde verwandte Wörter in der angegebenen Wortart.

heizen		**(Namenwort)**
trocknen		**(Wiewort)**
Gefahr		**(Wiewort)**
feucht		**(Namenwort)**
Schreck		**(Tunwort)**
Vorsicht		**(Wiewort)**

6. Schreibe den Satz richtig in Schreibschrift auf.

DERVORHANGSTOFFFÄNGTPLÖTZLICHFEUER.

7. Bilde zusammengesetzte Namenwörter (Nomen):

Stoff	**+**	***brennen***	
Kissen	**+**	***heizen***	
löschen	**+**	***Feuer***	
Feuer	**+**	***schützen***	
schreiben	**+**	***Technik***	

Du hast von _____ Punkten _____ Punkte erreicht.

Note: ***Unterschrift:*** ____________________________

D-RS	Name:	Datum:

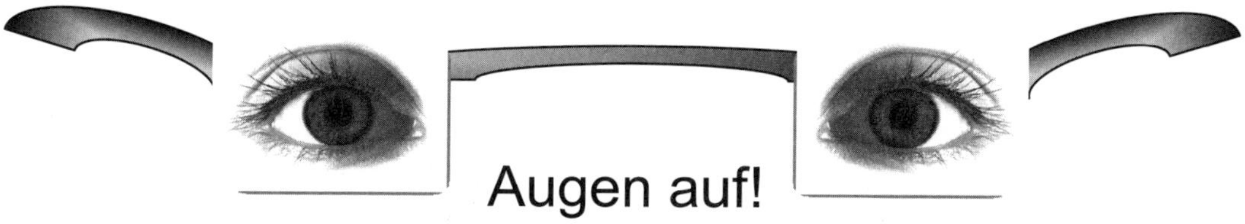

Augen auf!

führen	blind	verlieren	Brille
jemand	zielen	fröhlich	ohne
Höhle	Freiheit	häufig	riechen
schwierig	Schwierigkeit	Träne	feucht
Feuchtigkeit	fließen	Flüssigkeit	lassen
Angst	beobachten	fühlen	schimpfen

Arbeitsaufgaben:

1. Lies alle Lernwörter laut und markiere die schwierigen Stellen.
2. Drehe das Blatt um. Welche Wörter weißt du noch?
   Schreibe sie auf und vergleiche.
3. Ordne die Lernwörter nach dem Alphabet.
4. Ordne die Lernwörter nach Wortarten.
5. Schreibe die Lernwörter in Silben getrennt auf.
6. Lasse dir die Lernwörter diktieren.
   Vergleiche und verbessere.
7. Schreibe zehn Sätze mit möglichst vielen Lernwörtern.
8. Wandle folgende Wiewörter (Adjektive) durch das Anhängen von passenden Nachsilben in Namenwörter (Nomen) um.
   blind ***häufig*** ***schwierig*** ***feucht***
9. Verwandle folgende Nomen in Adjektive.
   Fröhlichkeit ***Schwierigkeit*** ***Flüssigkeit*** ***Feuchtigkeit***

führen	blind	verlieren	Brille
jemand	zielen	fröhlich	ohne
Höhle	Freiheit	häufig	riechen
schwierig	Schwierigkeit	Träne	feucht
Feuchtigkeit	fließen	Flüssigkeit	lassen
Angst	beobachten	fühlen	schimpfen

D-RS	Name:	Datum:

Augen auf!

Kurzdiktate

1. Tag:

Wenn du deine Augen öffnest, dringt Licht durch die Pupille. Du siehst Farben und Formen, ob etwas nah ist oder fern. Du kannst **beobachten**, wie sich **jemand** bewegt.

2. Tag:

Unser Auge liegt gut geschützt in der Augen**höhle**. Die **Tränenflüssigkeit** hält den Augapfel **feucht**. Ist dir etwas ins Auge geraten, brauchst du keine **Angst** zu haben, denn die **Tränen** spülen es wieder heraus.

3. Tag:

Die Augenbrauen, die Wimpern und die Lider schützen deine Augen. Natürlich musst aber auch du selbst gut auf deine Augen achten. Blicke niemals **ohne** Sonnen**brille** in grelles Licht.

4. Tag:

In manchen Berufen muss eine Schutz**brille** getragen werden. **Häufig lassen** Arbeiter die **Brille** weg. Das kann dazu führen, dass **jemand** sein Augenlicht **verliert**.

5. Tag:

Ist das Auge stark verletzt, kann man er**blind**en. **Jemand**, der **blind** ist, **führt** ein völlig verändertes Leben. Anfangs ist es **schwierig**, **frei** und **ohne Angst** zu leben. **Riechen**d und **fühlen**d, tastend und schmeckend erkundet der **Blinde** seine Umwelt.

D-RS	Name:	Datum:

Augen auf!

Faltdiktat

1 **Blind**e Menschen haben **häufig Schwierigkeiten**, sich im Alltag zurecht zu finden.

6 Doch inzwischen **fühlt** sie sich **frei. Fröhlich lässt** sie sich auf das Abenteuer „Leben" ein.

3 In der **Blind**enschule lernt Maria, ein **blind**es Mädchen, ihre **Angst** zu überwinden.

4 Maria übt ge**ziel**t, die anderen Sinne zu gebrauchen und ihre Umwelt zu **beobachten.**

5 **Ohne** die Lehrerin in der **Blind**enschule und ihre Eltern hätte Maria sicher ihren Mut **verloren.**

2 Deshalb haben sie oft einen **Blind**enstock dabei oder **lassen** sich von einem **Blind**enhund **führen.**

D-RS	Name:	Datum:

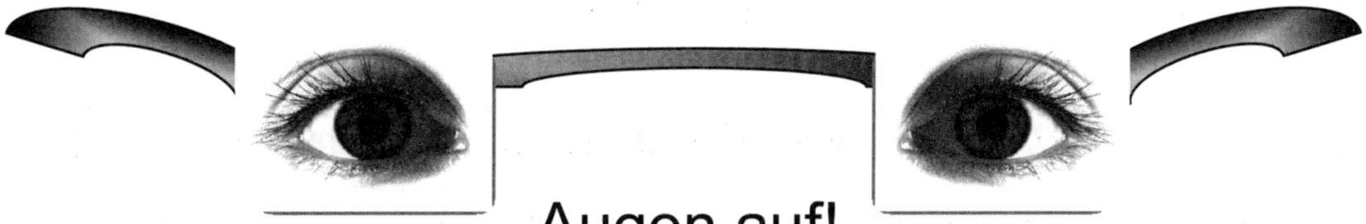

Augen auf!

Diktat / Informationstext

Brillenschlange

Marina trägt eine **Brille**. Sie wird von ihren Mitschülern deshalb oft **Brillen**schlange oder **blindes** Huhn genannt.

Ohne Brille fühlt sich Marina unsicher. Sie ist kurzsichtig und braucht die Sehhilfe, um **ohne** Schwierigkeiten ihre Umgebung **beobachten** zu können. Lesen kann sie **ohne Brille**.

Marina **fühlt** sich vor allem beim Sport in ihrer **Freiheit** eingeschränkt. Sie **schimpft** oft auf ihre **Brille**.

Wenn sie groß ist, möchte sie die Augen operieren **lassen**. Dann braucht sie keine **Brille mehr**.

D-TV	Name:	Datum:

Augen auf!

Man sagt: **Du siehst die Welt durch eine rosarote Brille.**

…und meint damit: **Du siehst nur das Positive und Schöne um dich herum!**

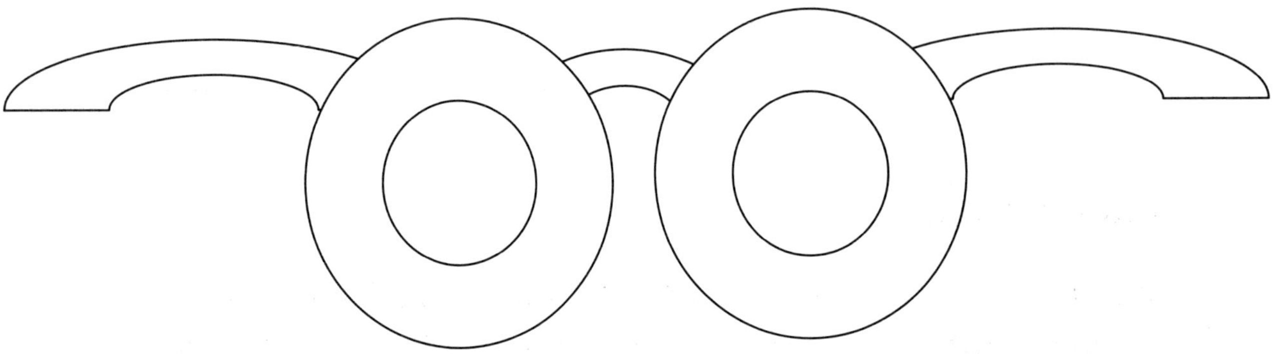

- Du bist der Brillendesigner. Gestalte diese einfache Brille so, dass sie fantasievoll aussieht. Du darfst sie bekleben oder einfach nur mit deinen Buntstiften gestalten.
- Schreibe auf, was du durch deine **rosarote Brille** sehen kannst.

D-RS	Name:	Datum:

Augen auf!

Bist du fit?

1. Löse das Rätsel mit Hilfe von Lernwörtern und trage die Begriffe in das Gitternetz ein.

Das fließt, wenn du weinst. ☐☐☐☐☐

Das braucht jemand, der schlecht sieht. ☐☐☐☐☐☐

das Gegenteil von traurig ☐☐☐☐☐☐☐☐

*anderes Wort für „**Furcht**“* ☐☐☐☐☐

2. Verwandle folgende Wiewörter (Adjektive) durch das Anhängen einer passenden Nachsilbe in ***Namenwörter*** (Nomen).

blind	
schwierig	
fröhlich	
flüssig	
frei	
feucht	

3. Verbinde die Grundform mit der richtigen Form der 1. Vergangenheit.

	floß		lies
fließen	floss	***lassen***	las
	flos		ließ

4. Lang oder kurz gesprochener Selbstlaut?

   Kennzeichne kurze Selbstlaute mit einem Punkt,
   lange mit einem Strich.

   Brille fröhlich fühlen

5. Setze diese Silben so zusammen, dass Lernwörter entstehen.
   Füge die Lernwörter richtig in die nachfolgenden Sätze ein.

Ge- ge- blin- ver- -sen -fühl -der -schimpft -las-

Manchmal hat man das ______ , zu Unrecht ______ zu werden.

Ein ______ Mensch muss sich ganz besonders auf seine verbleibenden Sinne ______ .

6. Achtung – WÖRTERSCHLANGE!

   Suche die sechs Lernwörter heraus, kreise sie farbig ein
   und schreibe sie auf. Achte auf die Groß- und Kleinschreibung.

FÜHRENARJEMANDTHÄUFIGKLARABEOBACHTENZIELEN

______

______

Du hast von _____ Punkten _____ Punkte erreicht.

Note: ☐ ***Unterschrift:*** ______

D-RS	Name:	Datum:

Ich kann hören!

Arzt	niemand	außen	Lärm
vollständig	Wecker	bestimmt	dünn
empfindlich	empfinden	aufwecken	bloß
deutlich	Gefahr	Schall	stimmen
scharf	Schärfe	*denn*	richtig
bereits	eigentlich	erklären	Angst

Arbeitsaufgaben:

1. Lies alle Lernwörter laut und markiere die schwierigen Stellen.
2. Drehe das Blatt um. Welche Wörter weißt du noch? Schreibe sie auf und vergleiche.
3. Ordne die Lernwörter nach dem Alphabet.
4. Ordne die Lernwörter nach Wortarten.
5. Schreibe die Lernwörter in Silben getrennt auf.
6. Lasse dir die Lernwörter diktieren. Vergleiche und verbessere.
7. Schreibe zehn Sätze mit möglichst vielen Lernwörtern.
8. Finde verwandte Wörter zu folgenden Lernwörtern

   außen ***Gefahr*** ***scharf*** ***Angst***

   Dein Wörterbuch kann dir helfen!

Arzt	niemand	außen	Lärm
vollständig	Wecker	bestimmt	dünn
empfindlich	empfinden	aufwecken	bloß
deutlich	Gefahr	Schall	stimmen
scharf	Schärfe	*denn*	richtig
bereits	eigentlich	erklären	Angst

D-RS	Name:	Datum:

Ich kann hören!

Kurzdiktate

1. Tag:

Von **außen** ist von deinem Ohr nur die Ohrmuschel zu sehen. Dein **eigentliches** Hörorgan ist nicht sichtbar, **denn** es liegt im Inneren des Kopfes. Man kann es also nicht mit **bloßem** Auge sehen.

2. Tag:

Dieser **empfindliche** Teil des Ohres ist gut geschützt, **denn** er wird vom Schädelknochen umgeben. Um die Leistung des Ohres möglichst lange zu erhalten, musst du es vor **Gefahren** schützen. Das **erklärt** dir jeder **Arzt**.

3. Tag:

Ein tauber Mensch kann das Geräusch eines normalen **Weckers** nicht hören, auch **Lärm** und Stimmen nicht. Es ist wichtig, **deutlich** zu sprechen, da ein gehörloser Mensch von den Lippen ablesen kann, wenn du ihm etwas mitteilen möchtest.

4. Tag:

Bestimmt weißt du **bereits**, dass das Trommelfell eine **dünne**, gespannte Haut ist, die sich an den Gehörgang anschließt. Treffen **Schall**wellen auf das Trommelfell, so gibt dieses die **Schall**wellen **vollständig** an das Mittelohr weiter.

5. Tag:

Trifft zu viel Licht auf das Auge, schließt du es. Die Ohren kannst du nicht zum Schutz vor **Gefahren** schließen. **Lärm** ist eine große **Gefahr** für die **empfindlichen** Ohren. Wenn du Probleme hast, solltest du zum **Arzt** gehen und keine **Angst** haben.

D-RS	Name:	Datum:

Ich kann hören!

Faltdiktat

1 **Außen** siehst du von deinem **empfindlichen** Ohr nur die Ohrmuschel.	6 Der **Arzt erklärt** dem Kind, dass es wichtig ist, das Ohr vor **Gefahren** zu schützen.	3 Spitze Gegenstände, Knall und **Lärm** sind für das **empfindliche** Ohr **gefährlich**.	4 **Eigentlich** weißt du **bereits**, dass es wichtig ist, mit gehörlosen Menschen sehr **deutlich** zu sprechen. **Denn** sie können von den Lippen ablesen.	5 Am Morgen **weckt** dich das laute Geräusch des **Weckers auf**.	2 Der Gehörgang leitet die **Schallwellen** vollständig zu einer **dünnen**, gespannten Haut, die man als Trommelfell bezeichnet.

D-RS	Name:	Datum:

Ich kann hören!

Diktat / Informationstext

Immer bist du von Tönen, Klängen oder Geräuschen umgeben, die als **Schall** an dein Ohr gelangen.

Du siehst von **außen bloß** die Ohrmuschel. Sie nimmt den Schall auf, um ihn **vollständig** durch den Gehörgang zum Trommelfell, einer **dünnen** gespannten Haut, weiterzuleiten.

Niemand sollte sein Ohr durch spitze Gegenstände oder **Lärm** in **Gefahr** bringen. Denn sicher hat dir **bereits** ein **Arzt erklärt**, wie **gefährlich** es ist, das Ohr zu verletzen.

D-TV	Name:	Datum:

Ich kann hören!

Unsere Umwelt ist voller KLANG und SCHALL.

Manchmal sind es **angenehme Töne**, die unsere Ohren aufnehmen dürfen.

Oftmals tut uns aber **Lärm und Krach** in den Ohren weh. Doch – Weghören ist fast **unmöglich**!

Gestalte deinen eigenen SCHRIFT-KLANGTEPPICH:

- *Wähle dazu zwei verschiedene Farben.*
- *Beschrifte die Ohrmuschel links mit allem, was du als angenehme Klänge empfindest.*
- *Schreibe in die rechte Ohrmuschel all die Geräusche, die du nicht gerne hörst.*

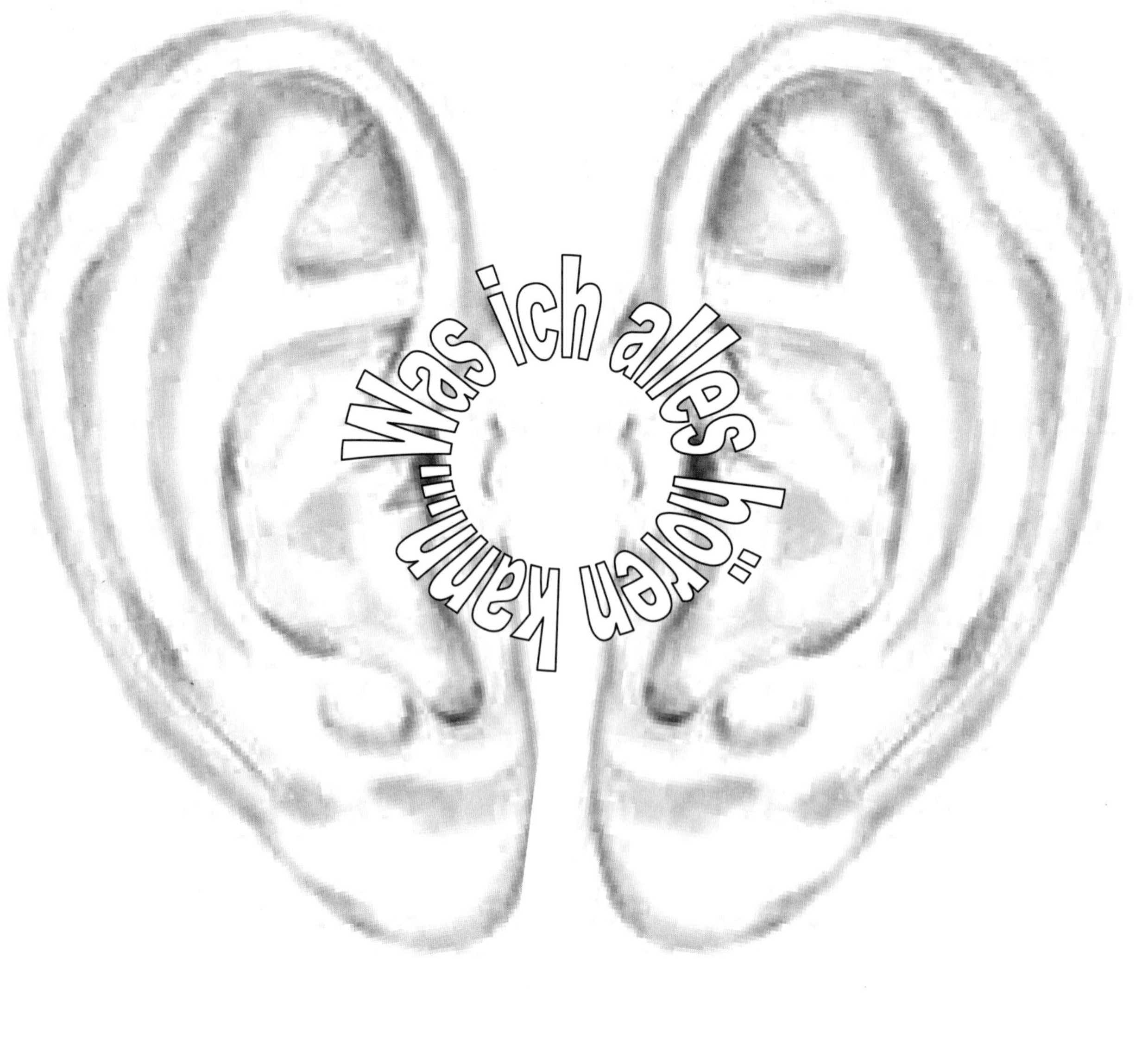

D-RS	Name:	Datum:

Ich kann hören!

Bist du fit?

1. Schreibe je ein verwandtes Lernwort in der angegebenen Wortart auf.

Empfindung		(Wiewort)
Schärfe		(Wiewort)
ängstlich		(Namenwort)
Erklärung		(Tunwort)

2. Bilderrätsel
   Schreibe zu folgenden Bildern die passenden Wörter auf.

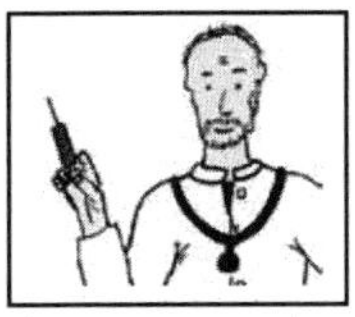

3. Vervollständige die Sätze mit passenden Lernwörtern.

Ich freue mich auf meinen Geburtstag, de *ich werde 9 Jahre alt. Alle Memory-Paare liegen auf dem Tisch. Das Spiel ist* vo st *ndig. Alle Kinder gehen auf Klassenfahrt.* N ma *bleibt zu Hause. Die Kinder spielen auf dem Pausenhof,* blo *ein Junge sitzt auf der Bank.*

4. Achtung, Schlangensatz!
   Suche die Lernwörter heraus, umfahre sie farbig und schreibe sie richtig auf.

DEUTLICHHWSTROUBEREITSWAETZWEIGENTLICHGZYNIEMANDIISE

5. Finde immer das entsprechende Gegenteil.

dick ⇕ ______

innen ⇕ ______

falsch ⇕ ______

6. Ergänze den oder die fehlenden Buchstaben.
Begründe deine Schreibweise.

a) *Sch _____ rfe*

b) *besti _____ t*

7. Vervollständige die Zeitformen in der Tabelle.

Grundform	Gegenwart	1. Vergangenheit
erklären	ihr	ihr
empfinden	wir	wir
stimmen	es	es
aufwecken	ich	ich

Du hast von _____ Punkten _____ Punkte erreicht.

Note:

***Unterschrift*: ______________________________**

D-RS	Name:	Datum:

Magnetismus und Elektrizität

Glühbirne __________	Draht __________	Kompass	leuchten
Quelle	offen	Magnet __________	fließen __________
Maschine	Schalter __________	Strom __________	Kraft __________
Batterie	Gefahr __________	drehen	berühren
ziehen __________	kennen __________	schließen __________	verbrauchen
richten	klettern	setzen	nass

Arbeitsaufgaben:

1. Lies alle Lernwörter laut und markiere die schwierigen Stellen.
2. Drehe das Blatt um. Welche Wörter weißt du noch?
   Schreibe sie auf und vergleiche!
3. Ordne die Lernwörter nach Wortarten.
4. Schreibe die Lernwörter in Silben getrennt auf.
5. Lasse dir die Lernwörter diktieren! Vergleiche und verbessere.
6. Schreibe zehn Sätze mit möglichst vielen Lernwörtern.
7. Finde zu folgenden Namenwörtern (Nomen) verwandte Verben und schreibe sie in die leeren Felder:
   Schalter ***Strom*** ***Glühbirne***
8. Finde verwandte Wiewörter (Adjektive) zu diesen Nomen und schreibe sie ins Lernfeld.
   Kraft ***Gefahr*** ***Magnet***
9. Setze die Tunwörter ***fließen – ziehen – kennen – schließen*** in die 1. Vergangenheit und schreibe sie ins Lernfeld.

glühen	Draht Drähte	Kompass	leuchten
Quelle	offen	Magnet	fließen floss
Maschine	Schalter schalten	Strom strömen	*Batterie*
richten	Kraft kräftig	Gefahr gefährlich	berühren
klettern	ziehen zog	kennen kannte	schließen schloss
nass	setzen	drehen	verbrauchen

D-RS	Name:	Datum:

Magnetismus und Elektrizität

Kurzdiktate

1. Tag:

Magnete haben unsichtbare Kräfte, als könnten sie zaubern. Sie können Gegenstände drehen und bewegen, ohne sie zu berühren.

2. Tag:

Magnete haben einen Süd- und einen Nordpol. Gleiche Pole stoßen sich ab, ungleiche Pole ziehen sich an.

3. Tag:

Es gibt Magnete in Hufeisen-, Stab- oder Kreisform.
Nur magnetische Gegenstände werden von einem Magneten angezogen. Sie enthalten Metalle.

4. Tag:

Der größte und kräftigste Magnet, den wir kennen, ist unsere Erde. Auch sie hat Süd- und Nordpol. Jeder frei bewegliche Magnet richtet sich zum Nordpol aus. Die Kompassnadel zeigt immer nach Norden.

5. Tag:

Magnete werden in Maschinen eingebaut. Du kennst die Magnettafeln aus der Schule, an die du Schilder heften kannst. Magnete benötigt man auch für die Erzeugung von Strom.

D-RS	Name:	Datum:

Magnetismus und Elektrizität

Laufdiktat / Dosendiktat

1. Ohne **Strom** ist unser Leben nicht mehr vorstellbar.

2. Elektrizitätswerke erzeugen **Strom** aus Wasser, Kohle, Erdöl, Gas, Atomkraft, Wind und Sonne.

3. Wir entnehmen den **Strom** aus der Steckdose oder **benützen Batterien** als **Stromquelle**.

4. **Strom** erzeugt Wärme, Licht und Bewegung.

5. In der Spül**maschine** zum Beispiel wird das Wasser erwärmt und bewegt.

6. **Strom fließt** nur im **geschlossenen Strom**kreis.

7. Meist **schließen** wir den **Strom**kreis mit einem **Schalter**.

8. Mit dem **Schalter schalten** wir ein und aus.

9. **Batterien** liefern auch dort **Strom**, wo es keine Steckdose gibt.

Spiele mit einem Partner. Ihr braucht einen Würfel und zwei Spielfiguren.

1. *Würfle.*
2. *Kommst du auf ein ZAHL-Feld, dann lass dir von deinem Partner den Satz diktieren.*
3. *Würfelt und arbeitet im Wechsel.*

Strom sparen
Umwelt schützen!

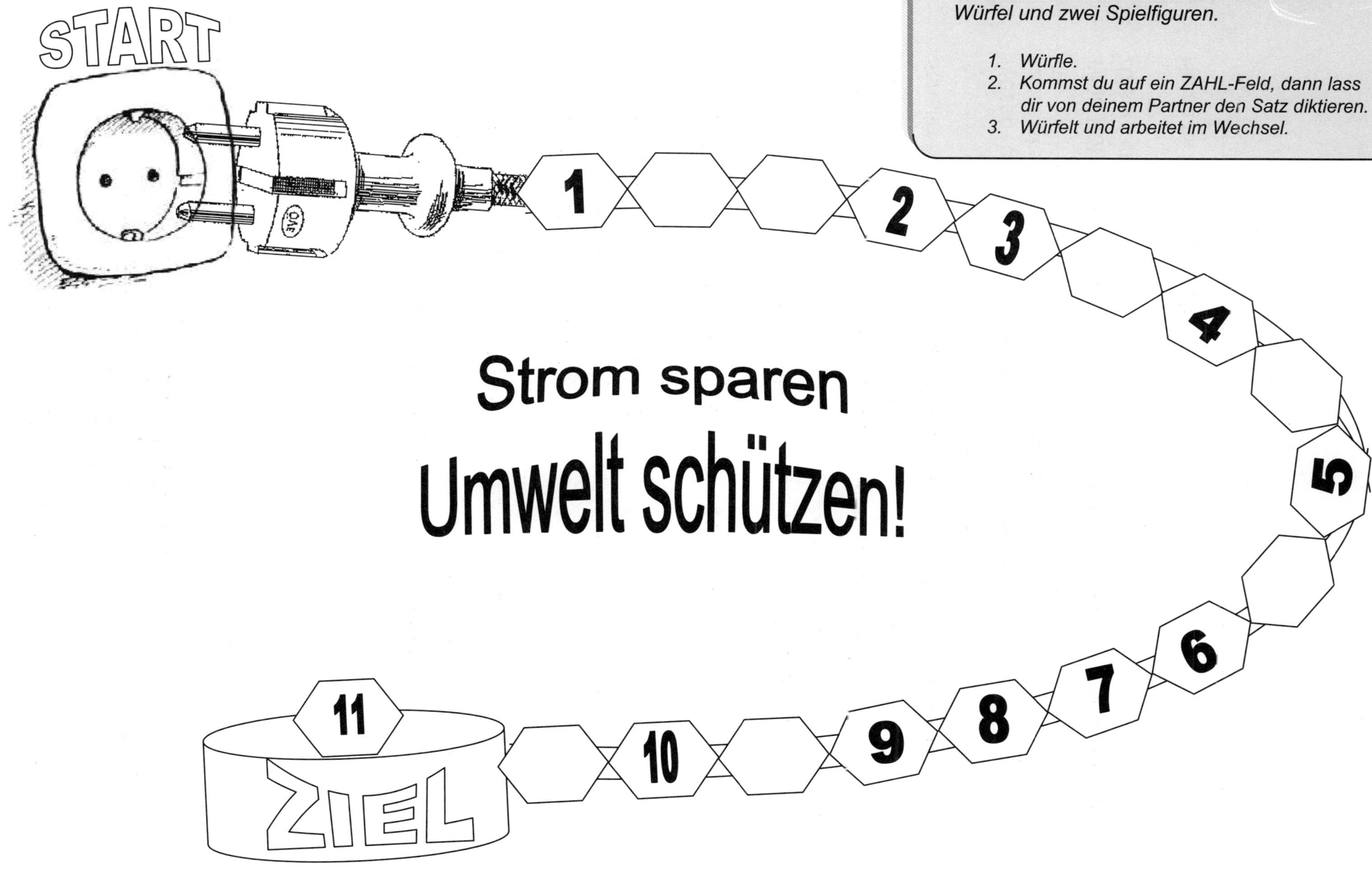

Strom sparen
Umwelt schützen!

1	Vermeide unnötige Festbeleuchtung in deinem Zimmer!
2	Schalte das Licht aus, wenn du den Raum verlässt!
3	Verwende Energiesparlampen!
4	Koche mit geschlossenem Deckel!
5	Kochplatte und Topf sollten aufeinander abgestimmt sein!
6	Schalte die Herdplatte rechtzeitig aus und nutze die Restwärme!
7	Schalte die Stand-by-Schaltung aus! Ziehe den Stecker!
8	Schalte Radio und Fernseher aus, wenn du den Raum verlässt!
9	Wasch- und Spülmaschinen verbrauchen viel Strom. Lasse sie nur laufen, wenn sie voll sind!
10	Taue Kühl- und Gefrierschrank regelmäßig ab, um den Stromverbrauch zu senken!
11	Heize nicht bei geöffnetem Fenster!

D-RS	Name:	Datum:

Magnetismus und Elektrizität

Diktat / Informationstext

Strom kann gefährlich sein!

Wasser leitet wie Kupfer**draht** den **Strom** sehr gut. Deshalb solltest du nicht mit **nassen** Händen Licht oder elektrisch betriebene **Maschinen einschalten**.

In der Badewanne oder Dusche Elektrogeräte zu verwenden ist daher **lebensgefährlich**.

Du solltest deinen Drachen nie in der Nähe von **Strom**leitungen steigen lassen. Auch wer auf einen **Strom**masten **klettert**, setzt sein Leben aufs Spiel.

Schalte elektrische Geräte **ab**, wenn du sie nicht mehr brauchst. Das dient deiner Sicherheit und spart **Strom.**

D-TV	Name:	Datum:

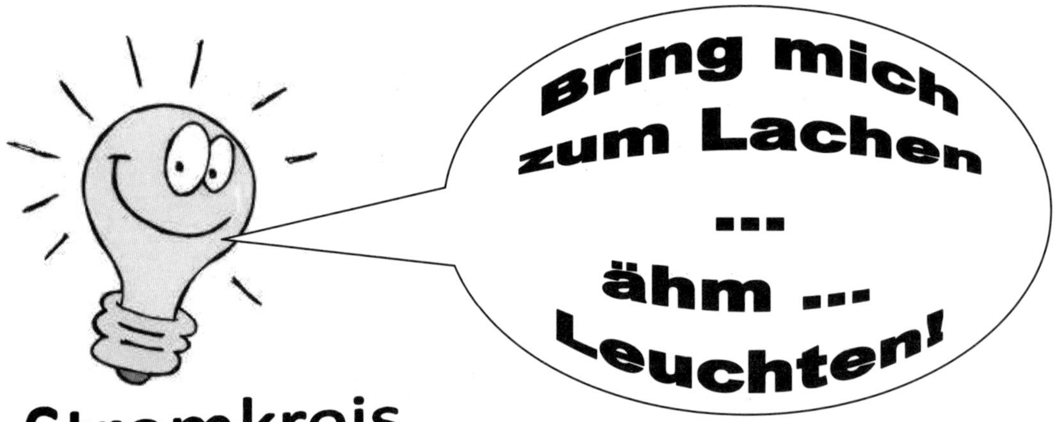

Der Stromkreis

Im Heimat- und Sachunterricht baut ihr elektrische Stromkreise.

1. Beschrifte zunächst die Schaltskizze mit den Fachbegriffen.
2. Beschreibe nun, wie du einen Stromkreis mit Schalter aufbaust.
3. Benutze dabei alle wichtigen Fachbegriffe. Achte auf die Reihenfolge.

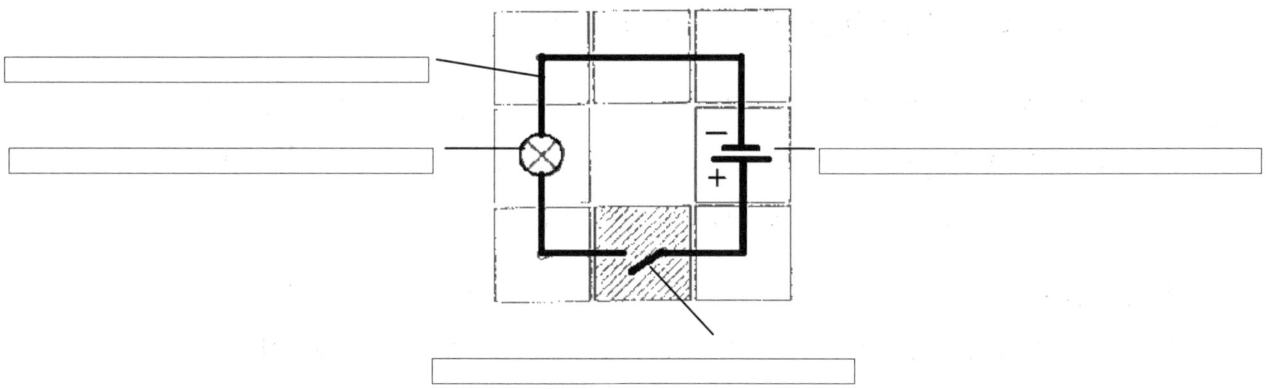

D-RS	Name:	Datum:

Magnetismus und Elektrizität

Bist du fit?

1. Im Gitterrätsel haben sich vier Fremdwörter versteckt.
   Ihre Schreibweise musst du dir merken. Kreise die Wörter farbig ein. Schreibe sie auf.

K	B	I	H	O	Z	B
O	E	C	N	L	J	A
M	A	G	N	E	T	T
P	G	F	D	M	K	T
A	W	X	A	U	R	E
S	K	I	Z	Z	E	R
S	Z	A	V	H	C	I
H	S	T	W	V	O	E

K

B

S

M

2. Setze bei folgenden Wörtern die fehlenden Buchstaben ein.
   Begründe deine Schreibweise.

Str____m ⇨

Que____e ⇨

o____en ⇨

3. Vervollständige diese Sätze.

An der Spül m ***____*** l ***____ ein rotes Lämpchen.***

Strom kann für uns Menschen sehr g ***____ sein.***

4. Finde zu folgenden Wörtern verwandte Wörter in der angegebenen Wortart.

fließen		**(Namenwort)**
Strom		**(Tunwort)**
schließen		**(Namenwort)**
richten		**(Namenwort)**
nass		**(Namenwort)**

5. a) Setze diese Namenwörter (Nomen) in die Mehrzahl.

Draht

Kraft

b) Erkläre die dazu gehörige Rechtschreibregel.

6. Kreuze die richtigen Formen der 1. Vergangenheit an.

es fließt	**es flos**	☐
	es floss	☐
	es floß	☐
es zieht	**es zihte**	☐
	es zogg	☐
	es zog	☐
er schließt	**er schlos**	☐
	er schließ	☐
	er schloss	☐

Du hast von _____ Punkten _____ Punkte erreicht.

Note: ☐ ***Unterschrift***: ____________________

D-RS	Name:	Datum:

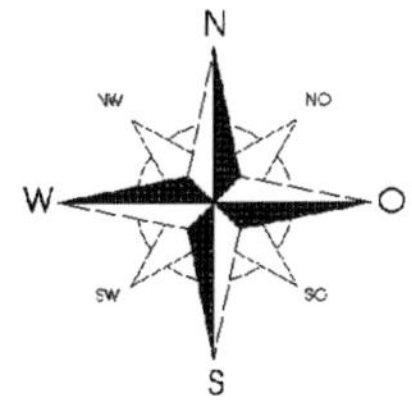

Wir orientieren uns im Raum

Kompass	schrecklich	skizzieren	zeichnen
Ecke	Magnet	Spitze	eckig
Block	Höhe	kennen	lang
messen	rechts	See	ähnlich
Schatten	Brücke	Maß	Gebäude
Kreuzung	links	entdecken	Skizze

Arbeitsaufgaben:

1. Lies alle Lernwörter laut und markiere die schwierigen Stellen.
2. Drehe das Blatt um. Welche Wörter weißt du noch? Schreibe sie auf und vergleiche.
3. Ordne die Lernwörter nach dem Alphabet.
4. Ordne die Lernwörter nach Wortarten.
5. Schreibe die Lernwörter in Silben getrennt auf.
6. Lasse dir die Lernwörter diktieren. Vergleiche und verbessere.
7. Schreibe zehn Sätze mit möglichst vielen Lernwörtern.
8. Finde zu folgenden Lernwörtern Reimwörter:
   kennen ***messen*** ***See*** ***Schatten*** ***eckig***
9. Setze die Form „ich entdecke“ in die 1. Vergangenheit und trenne das Wort. Was fällt dir auf? Erkläre.
10. Setze das Verb „***messen***“ mit dem Fürwort „***er***“ in die verschiedenen Zeitstufen.
11. Finde zu möglichst vielen Lernwörtern verwandte Wörter. Schreibe diese Wortpaare auf.

Kompass	schrecklich	skizzieren	zeichnen
Ecke	Magnet	Spitze	eckig
Block	Höhe	kennen	lang
messen	rechts	See	ähnlich
Schatten	Brücke	Maß	Gebäude
Kreuzung	links	entdecken	Skizze

D-RS	Name:	Datum:

Wir orientieren uns im Raum

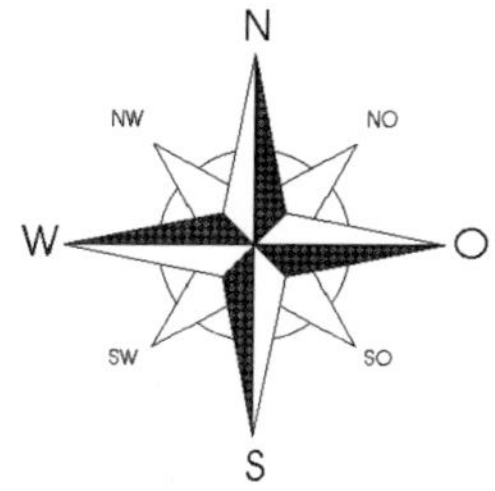

Kurzdiktate

1. Tag:

So baust du einen **Kompass**: Streiche mit dem Südpol eines Stab**magneten** mehrmals von der Mitte der Nadel zur **Spitze**. So **magnetisierst** du die **Spitze** der Nadel als Nordpol.

2. Tag:

Mit Hilfe einer Wanderkarte kannst du **Entfernungen** genau be**messen**. Auf der Karte erkennst du, ob du an einer **Kreuzung** nach **links** oder **rechts** abbiegen musst, um ein bestimmtes **Gebäude** zu erreichen.

3. Tag:

Die Schüler lernen in der Schule, dass man mit Hilfe von Kartenzeichen **Gebäude**, Wälder und **Brücken** in eine **Skizze** **einzeichnen** kann. Du solltest die Kartenzeichen genau **kennen**, denn manche sind sehr **ähnlich**.

4. Tag:

Skizziere deinen Weg zur Schule auf den **Block**. Achte darauf, alle **Kreuzungen** und wichtigen **Gebäude** einzu**zeichnen**. Auch sollte man auf deiner **Zeichnung** die **Brücken** und den großen **See** erkennen.

5. Tag:

Du kannst die Himmelsrichtungen auch ohne Kompass feststellen. Um 12 Uhr steht die Sonne im Süden. In welche Richtung fällt nun dein **Schatten**, wenn du zur Sonne schaust? Achte darauf, wie **hoch** die Sonne um die Mittagszeit steht.

D-RS	Name:	Datum:

Wir orientieren uns im Raum

Laufdiktat / Dosendiktat

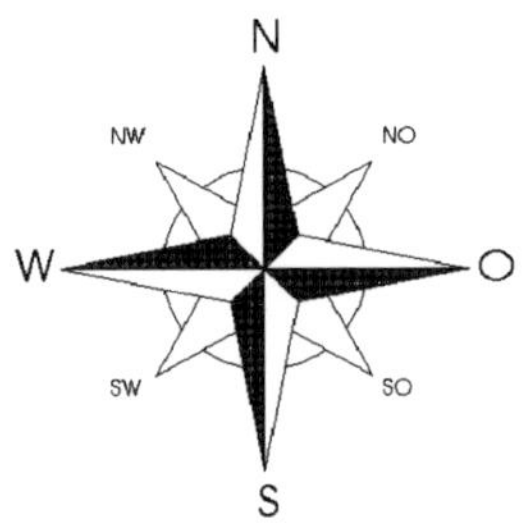

1. Bevor du eine Wanderung machst, kannst du eine Wege**skizze** auf den **Block zeichnen**.

2. Nun kann es losgehen. Mit dem **Kompass** in der Hand machst du dich auf den Weg.

3. Seine **magnetische Spitze** zeigt immer nach Norden.

4. Nach dem roten **Gebäude** biegst du **rechts** um die **Ecke**.

5. Hier **kennst** du dich nicht gut aus, denn alle Straßen sehen **ähnlich** aus.

6. An der nächsten **Kreuzung** gehst du nach **links** und siehst nun den großen **See**.

7. Nun überquerst du die **Brücke**, die über den **See** führt, und spazierst an ihm ent**lang.**

8. Du **entdeckst**, dass der Baum einen **langen Schatten** wirft.

D-RS	Name:	Datum:

Wir orientieren uns im Raum

Diktat / Informationstext

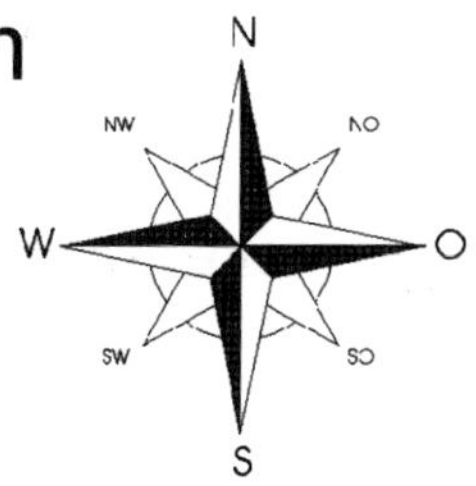

Die Klasse 3a plant eine Wanderung durch eine Gegend, die sie noch nicht genau **kennt**. Die Schüler **zeichnen** eine Wege**skizze** auf ihren **Block**.

Wenn die Kinder die Schule verlassen, biegen sie an der nächsten **Ecke** nach **rechts** ab.

Von dort sieht man in einiger **Entfernung** ein rotes **Gebäude**. Nun müssen sie eine **Brücke** überqueren. Dann gelangen sie an einen **See**.

Mit der **magnetischen Spitze** einer **Kompass**nadel kannst du die Himmelsrichtungen feststellen.

D-TV	Name:	Datum:

Wir orientieren uns im Raum

Ein bekanntes Sprichwort lautet:

Alle Wege führen nach Rom!

Vielleicht träumst DU aber nicht von Rom, sondern von einem ganz anderen Ort.

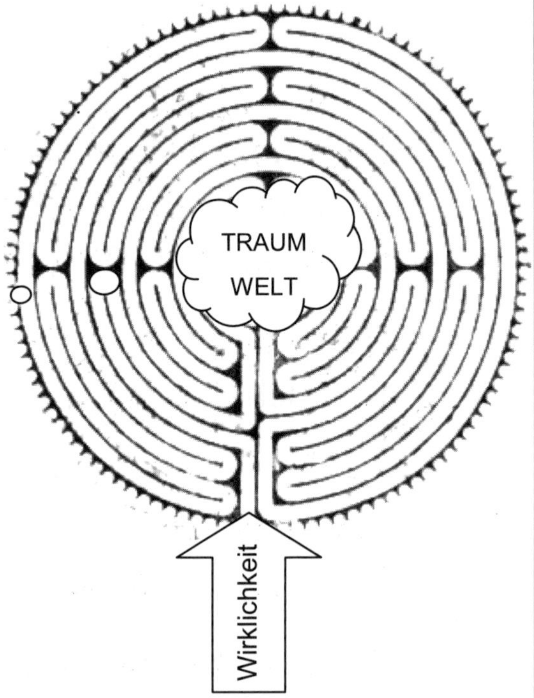

Beschreibe den Weg zu dem Ort deiner Träume.
Verwende dabei möglichst genaue Formulierungen.

D-RS	Name:	Datum:

Wir orientieren uns im Raum

Bist du fit?

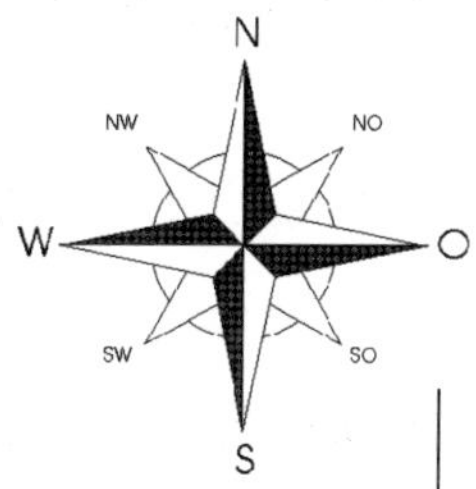

1. Schreibe zu den Bildern die passenden Wörter richtig auf.

a) 

b) 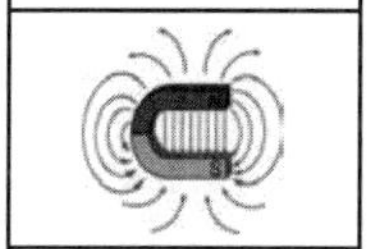

c) 

2. ***ck*** oder ***k***?

   a) Setze die fehlenden Buchstaben ein.

   E _____ e | **Brü _____ e**

   Pa _____ et | **Da _____ el**

   schre _____ lich | **Blo _____**

   b) Wann schreibst du ***–ck*** und wann ***–k***? Erkläre die Regel.

3. Löse diese **Wörterrätsel**:

   a) Gegenteil von ***rechts***

   b) Er zeigt dir die Himmelsrichtungen an.

   c) Darin kannst du schwimmen.

4. Verändere die Wortart folgender Wörter, indem du die Nachsilbe ***–ung*** anhängst.

entfernen

messen

zeichnen

5. Vervollständige die Tabelle.

   Setze dabei das Tunwort (Verb) in die entsprechenden Zeiten.

skizzieren	**(2. Vergangenheit)**	*ich*	
zeichnen	**(2. Vergangenheit)**	*wir*	
kennen	**(1. Vergangenheit)**	*er*	
entfernen	**(Gegenwart)**	*du*	

6. Finde verwandte Wörter in der angegebenen Wortart:

	Namenwort	**Tunwort**
Gebäude		
Maß		
lang		

7. Bilde zusammengesetzte Namenwörter (Nomen):

spitz + Kirchturm	
kreuzen + Straße	
Block + Haus	
zeichnen + Block	

Du hast von _____ Punkten _____ Punkte erreicht.

Note: ☐ ***Unterschrift:*** ______________________________

D-RS	Name:	Datum:

Mensch und Natur

Natur	natürlich	erkennen	bereits
wissen	Nahrung	verschmutzen	Quelle
Fluss	Meer	zurück	herstellen
Wald	Raum	wiegen	Flugzeug
Verbrennung verbrennen	Stoff	schützen	heizen
Boot	frieren	fühlen	Zukunft

Arbeitsaufgaben:

1. Lies alle Lernwörter laut und markiere die schwierigen Stellen.
2. Drehe das Blatt um. Welche Wörter weißt du noch?
   Schreibe sie auf, vergleiche und verbessere.
3. Ordne die Namenwörter (Nomen) nach dem ABC und setze sie in die Mehrzahl.
4. Lasse dir die Lernwörter diktieren! Vergleiche und verbessere.
5. Welche Tunwörter (Verben) sind mit folgenden Nomen verwandt?

   Heizung ***Raum*** ***Wissenschaft*** ***Nahrung***

6. Oft werden Wörter gleich gesprochen, aber unterschiedlich geschrieben.
   Finde das Partnerwort zu ***Meer*** und erkläre seine Bedeutung.
7. Finde zu folgenden Verben die verwandten Nomen.
   Benütze die Wörterliste zum Nachschauen.

   erkennen ***verschmutzen*** ***herstellen*** ***wiegen*** ***schützen*** ***fühlen***

8. Setze folgende Tunwörter (Verben) in die 1. und 2. Vergangenheit:

   erkennen ***wissen*** ***frieren*** ***wiegen***

Natur	natürlich	erkennen	bereits
wissen	Nahrung	verschmutzen	Quelle
Fluss	Meer	zurück	herstellen
Wald	Raum	wiegen	Flugzeug
verbrennen Verbrennung	Stoff	schützen	heizen
Boot	frieren	fühlen	Zukunft

D-RS	Name:	Datum:

Mensch und Natur

Kurzdiktate

1. Tag:

Natürlich ist die **Natur** nicht auf den Menschen angewiesen. Das wussten **bereits** die Indianer vor **mehr** als 100 Jahren.
Mutter Erde und ihre **Natur** kann uns nur ernähren, wenn Wasser, Luft und Land nicht **verschmutzt** oder zerstört sind.

2. Tag:

Erst jetzt **erkennen** wir, dass wir die **Natur** nicht zerstören dürfen. Der **Schutz** unserer Umwelt wird immer **wichtiger** für unsere **Zukunft** auf diesem Planeten.

3. Tag:

Wir brauchen sauberes Wasser in **Quellen**, **Flüssen**, Seen und im **Meer**. Ohne sauberes Trinkwasser können wir **zukünftig** nicht mehr überleben.

4. Tag:

Das **Gleichgewicht** in der **Natur** darf nicht gestört werden. Wenn wir die **Wälder** abholzen, trocknet der **Wald**boden aus. Der Regen kann dann ganze Berghänge wegspülen.

5. Tag:

Die **Natur** wehrt sich. Ihre Stürme und Unwetter zeigen uns, wer stärker ist. Wir **fühlen** ihre Kraft und **wissen**, dass sie uns **verbrennen** und **erfrieren** lassen kann.

D-RS	Name:	Datum:

Mensch und Natur

Laufdiktat / Dosendiktat

1. Früher legten die Menschen ihre Wege zu Fuß oder mit dem Fahrrad **zurück**.

2. Dann wurden Motoren erfunden, die Autos, **Flugzeuge**, Züge und **Boote** antreiben.

3. Diese Motoren **verbrennen** Treibstoffe wie Öl und Benzin.

4. Früher **heizten** wir unsere Häuser mit Holz.

5. Für unsere **Heizungen** verwenden wir heute meist Kohle, Öl oder Gas.

6. Bei der **Verbrennung** dieser **Stoffe** entstehen giftige Abgase.

7. Sie schädigen die Ozonschicht. Da sind sich die **Wissen**schaftler einig.

8. Die Ozonschicht **schützt** die Erde vor den heißen Sonnenstrahlen.

9. Wenn es diesen **Schutz** nicht mehr gibt, wird das Klima auf der Erde immer wärmer.

D-RS	Name:	Datum:

Mensch und Natur

Diktat / Informationstext

Eisbären in **Zukunft** nur noch im Zoo?

Eisbären leben im ewigen Eis. In diesen Gebieten der Erde schmilzt das Eis nie.

Das **Meer** ist zu**gefroren** und es gibt Eisberge. Hier **fühlen** sich die Eisbären wohl.

Wir **verschmutzen** unsere Luft und schaden so der Ozonschicht. Unser **Schutz**schild gegen die heißen Strahlen der Sonne bekommt Löcher. Dadurch erwärmt sich unser Klima. Das ewige Eis und die Eisberge schmelzen.

Die Eisbären verlieren ihren Lebens**raum**. Man kann sie dann nur noch im Zoo sehen.

D-TV	Name:	Datum:

Mensch und Natur

Suche im Internet in einer Kindersuchmaschine Beiträge zu ***Antarktis***, ***Ewiges Eis***, ***Eisbären***.

Lies die Beiträge aufmerksam ***durch*** und ***wähle*** den für dich interessantesten Artikel ***aus***.

Markiere das Wichtigste und ***schreibe in Stichpunkten*** auf.

Gestalte nun ein übersichtliches Plakat mit Bild und informativem Text.

✂---

D-RS	Name:	Datum:

Mensch und Natur

Bist du fit?

1. Schreibe verwandte Lernwörter in der angegebenen Wortart auf.

   a) Natur ⇨ ______ **(Wiewort)**

   b) Nahrung ⇨ ______ **(Tunwort)**

   c) Gewicht ⇨ ______ **(Tunwort)**

   d) Schmutz ⇨ ______ **(Wiewort)**

   e) aufräumen ⇨ ______ **(Namenwort)**

   f) fühlen ⇨ ______ **(Namenwort)**

2. Setze die beiden Wörter ***mehr*** und ***Meer*** richtig ein.

   Ich liebe das ______ ______ *als alles andere.*

3. Überlege genau und ergänze dann.

   a) **gestern** **VERGANGENHEIT**

   b) ______ **GEGENWART**

   c) **morgen** ______

4. Ergänze.

   Bitte eine Fahrkarte nach München hin und ______ .

5. Diese Wörter sind falsch geschrieben.
   Suche den Fehler, markiere ihn und schreibe dann das Wort richtig auf.

   a) heitzen ______

   b) verschmuzen ______

   c) bereitz ______

6. In diesem Satz sind zwei Fehler.
   Markiere sie und schreibe die Wörter richtig auf.

   Saubere Flüße und gesunde Welder sind für uns lebensnotwendig.

   [ ] [ ]

7. Wörterrätsel

a) Kleines Schiff [ ][ ][ ][ ]

b) Wasser sprudelt aus dem Boden [ ][ ][ ][ ][ ][ ]

c) Damit kann der Mensch fliegen. [ ][ ][ ][ ][ ][ ][ ][ ]

LÖSUNG: 

(**Achtung**: *Der erste Buchstabe ist groß*!)

8. Bilde zusammengesetzte Namenwörter (Nomen).

brennen + Stoff [ ]
(Öl, Gas und Kohle sind ________________)

schützen + Schild [ ]
(Die Ozonschicht ist wie ein ________________)

gefrieren + Schrank [ ]
(________________ verbrauchen viel Strom.)

Leben + Raum [ ]
(Meer und Flüsse sind ____________________________ für Tiere.)

9. Vervollständige diese Tabelle.

Grundform		**Gegenwart**	**1. Vergangenheit**
wissen	⇨	ich [ ]	ich [ ]
kennen	⇨	er [ ]	er [ ]
erkennen	⇨	du [ ]	du [ ]

Du hast von _____ Punkten _____ Punkte erreicht.

Note: [ ] ***Unterschrift***: ______________________________

D-RS	Name:	Datum:

Unsere Landwirtschaft im Wandel der Zeit

offen	ungefähr	beginnen	draußen
dreckig	schmutzig	kratzen	Maschine
vergessen	fressen	Druck	Nahrung
mehr	nützlich	bequem	erzählen
Erzählung	fertig	hart	ganz
Kraft	kräftig	erklären	Fleiß

Arbeitsaufgaben:

1. Lies alle Lernwörter laut und markiere die schwierigen Stellen.
2. Drehe das Blatt um. Welche Wörter weißt du noch?
   Schreibe sie auf und vergleiche.
3. Ordne die Lernwörter nach Wortarten.
4. Schreibe die Lernwörter in Silben getrennt auf.
5. Lasse dir die Lernwörter diktieren.
   Vergleiche und verbessere.
6. Schreibe zehn Sätze mit möglichst vielen Lernwörtern.
7. Schreibe die Wörter mit ***–tz*** in Silben getrennt auf.
8. Schreibe die Tunwörter (Verben) in der er-Form in Gegenwart, in 1. und 2. Vergangenheit auf!
   beginnen ***vergessen*** ***fressen*** ***erzählen*** ***erklären***
9. Finde ein verwandtes Tunwort (Verb) zu *Druck*.

offen	ungefähr	beginnen	draußen
dreckig	schmutzig	kratzen	Maschine
vergessen	fressen	Druck	Nahrung
mehr	nützlich	bequem	erzählen
Kraft	fertig	hart	*ganz*
Erzählung	kräftig	erklären	Fleiß

D-RS	Name:	Datum:

Unsere Landwirtschaft im Wandel der Zeit

Kurzdiktate

1. Tag:

Ein Landwirt **erzählt**, dass die Arbeit **draußen** auf den Feldern früher hart war und viel **Kraft** verlangte. Außerdem war man danach oft **dreckig** und müde. Man sollte nicht **vergessen**, dass es früher für die Arbeiten auf dem Feld keine **Maschinen** gab.

2. Tag:

Diese **Maschinen** können heute bequem genützt werden. Sie übernehmen die Arbeit **draußen** auf dem Feld. Der Landwirt muss sich nicht mehr die Hände **schmutzig** machen.

3. Tag:

Pferde und Ochsen hatten viel **Kraft** und wurden deshalb für die **harte** Arbeit auf dem Feld eingesetzt. Wenn die Tiere nicht ausreichend zu **fressen** bekamen, konnten sie nicht **fleißig** auf dem Acker arbeiten.

4. Tag:

Kleinere landwirtschaftliche Betriebe geraten manchmal unter **Druck**, da es immer schwieriger wird, genügend Geld zu verdienen. Manche Bauernhöfe müssen **ganz** aufgegeben werden, weil der Landwirt davon seine Familie nicht mehr **ernähren** kann.

5. Tag:

Wenn du wissen möchtest, wie das Leben früher auf dem Bauernhof ausgesehen hat, solltest du einmal einen landwirtschaftlichen Betrieb besuchen. Der Landwirt wird sicher **offen** über die Arbeit früher und heute **erzählen** und dir einiges erklären.

D-RS	Name:	Datum:

Unsere Landwirtschaft im Wandel der Zeit

Faltdiktat

1 Man darf nicht **vergessen**, dass es früher in der Landwirtschaft keine **Maschinen** gab, die die Arbeit **draußen** auf dem Feld übernehmen konnten.

6 Heute geraten einige kleinere Betriebe unter **Druck**, da es manchmal schwer ist, genügend Geld zu verdienen, um die Familie zu **ernähren**.

3 Oft kamen die Männer und Frauen müde und **dreckig** von der **harten** Arbeit auf dem Feld nach Hause.

4 Für die Feldarbeit setzte man Pferde und Ochsen ein, da sie **kräftig** sind.

5 Wenn die **fleißigen** Tiere mit ihrer Arbeit **fertig** waren, bekamen sie ausreichend **Nahrung**.

2 Heute nutzt man für Arbeiten, die früher von Hand erledigt wurden, **bequem** **Maschinen**.

D-RS	Name:	Datum:

Unsere Landwirtschaft im Wandel der Zeit

Diktat / Informationstext

Landwirt Jocher erzählt:

„Die Arbeit auf dem Bauernhof war früher noch viel anstrengender als heute.“

Heute kann man **mehrere** Arbeiten **bequem** mit **nützlichen** Maschinen erledigen. Früher begannen die Menschen bei Sonnenaufgang **draußen** auf dem Feld mit ihrer **harten** Arbeit.

Da sie mit ihren **bloßen** Händen arbeiteten, wurden diese oft **dreckig** und **schmutzig**.

Die Ackerpferde brauchten ausreichend **Nahrung**, damit sie genügend **Kraft** für die schwere Arbeit hatten.“

D-TV	Name:	Datum:

Landwirtschaft im Wandel

Eine lustige Redewendung lautet:

Heute lassen wir die Kuh fliegen.

Normalerweise können Kühe nicht fliegen.

Diese Redewendung verwendet man, wenn man etwas Besonderes vor hat.

In deiner Fantasie kannst du dir vielleicht vorstellen, was Elfriede bei ihrem Flug alles erlebt oder von dort oben zu sehen bekommt.

Schreibe ihre Erlebnisse so auf, dass andere darüber staunen oder schmunzeln können.

D-RS	Name:	Datum:

Unsere Landwirtschaft im Wandel

Bist du fit?

1. Finde verwandte Lernwörter:

Nutzen ______ (Wiewort/Adjektiv)

ernähren ______ (Namenwort/Nomen)

Schmutz ______ (Wiewort/Adjektiv)

Dreck ______ (Wiewort/Adjektiv)

2. Finde Lernwörter, die sich auf diese Wörter reimen.
   Schreibe mit Begleiter auf.

a) Schluck ______

b) Saft ______

3. Streiche in der Tabelle falsch geschriebene Wörter durch.
   Setze die richtigen Wörter so in die Sätze ein, dass sie sinnvoll sind.

vertik	fertig
ungefer	ungefähr
mehr	meer
beqem	bequem

Wir standen ______ eine Stundc im Stau.

Gestern hatten wir ______ Hausaufgaben als heute.

Das weiche Sofa ist ______ .

In 30 Minuten ist der Kuchen ______ .

4. Setze folgende Tunwörter (Verben) in die 1. und 2. Vergangenheit.

	1.Vergangenheit	2.Vergangenheit
beginnen	ich	
fressen	er	
vergessen	wir	

5. ***z*** oder ***tz*** ?

a) Setze richtig ein.

schmu ___ ig   kra ___ en   nü ___ lich

Ar ___ t   Pil ___   Spri ___ e

b) Wann schreibst du ***z*** , wann ***tz***?
Schreibe zur Erklärung eine Rechtschreibregel auf.

6. Finde zu diesen Wörtern das Gegenteil.

faul

sauber

geschlossen

drinnen

7. In jedem der folgenden Sätze sind jeweils zwei Wörter falsch geschrieben.
Markiere die Fehler und verbessere fehlerhafte Wörter.

a) *Ich stele das Geschirr in die Spülmaschiene.*

V.:

b) *Es ist gans wichtig, dass das junge Kätzchen genug Narung bekommt.*

V.:

Du hast von _____ Punkten _____ Punkte erreicht.

Note: ***Unterschrift***: ______________________

D-RS	Name:	Datum:

Menschen arbeiten

Bäcker	Bahn	ernähren	Paket
Päckchen	Zeitung	Taxi	Lehrer
spät	Clown	gewinnen	boxen
Lohn	fernsehen	ehrlich	impfen
Impfung	Ärztin	letzter	fleißig
tausend	während	Beruf	Miete

Arbeitsaufgaben:

1. Lies alle Lernwörter laut und markiere die schwierigen Stellen.
2. Drehe das Blatt um. Welche Wörter weißt du noch?
   Schreibe sie auf und vergleiche.
3. Ordne die Lernwörter nach Wortarten.
4. Schreibe die Lernwörter in Silben getrennt auf.
5. Lasse dir die Lernwörter diktieren.
   Vergleiche und verbessere.
6. Schreibe zehn Sätze mit möglichst vielen Lernwörtern.
7. a) Verändere folgende Wörter durch die Nachsilben ***–ung*** und ***–keit***.
   impfen ***ernähren*** ***ehrlich***

   b) Welche Wortart erhältst du?
8. Finde zu folgenden Wörtern verwandte Wörter:
   Ärztin ***Päckchen*** ***Bäcker*** ***ernähren***
9. Setze das Tunwort (Verb) „*gewinnen*“ in die 1. und 2. Vergangenheit.

Bäcker	Bahn	ernähren	Paket
Päckchen	Zeitung	Taxi	Lehrer
spät	Clown	gewinnen	boxen
Lohn	fernsehen	ehrlich	impfen
Impfung	Ärztin	letzter	fleißig
tausend	während	Beruf	Miete

D-RS	Name:	Datum:

Menschen arbeiten

Kurzdiktate

1. Tag:

Während Frau Müller als **Ärztin** arbeitet, trägt ihr Mann **Zeitungen**, **Pakete** und **Päckchen** aus. Ein **Arzt** kann Menschen **impfen**, um sie vor Krankheiten zu schützen. Manche Menschen arbeiten auch **ehrenamtlich**. Das heißt, sie bekommen keinen **Lohn** für ihre Arbeit.

2. Tag:

Wenn berühmte **Boxer** einen Kampf ausführen, wird dieser oft im **Fernsehen** übertragen. Jeder Sportler freut sich darauf, den Kampf zu **gewinnen**, **während tausende** Menschen vor dem Bildschirm den Wettkampf beobachten.

3. Tag:

Viele Erwachsene verdienen ihr Geld als **Bäcker**, **Taxifahrer, als Bahn**begleiter oder **Lehrer**. Manche Menschen treten auch als **Clown** in einem Zirkus auf. Alle Menschen sollten Freude an ihrem **Beruf** haben.

4. Tag:

Heute lernst du noch **fleißig** in der Schule. In einigen Jahren wirst du dich auch für einen **Beruf** entscheiden, den du **später** ausüben wirst. Für deine Arbeit wirst du einen **Lohn** bekommen.

5. Tag:

Manche Menschen bekommen auch Geld, indem sie Häuser bauen, die sie an andere ver**mieten**. Vielleicht weißt du auch schon, was du später einmal **beruflich** machen möchtest. Aber das musst du erst entscheiden, wenn du im **letzten** Jahr deiner Schulzeit bist.

D-RS	Name:	Datum:

Menschen arbeiten

Laufdiktat / Dosendiktat

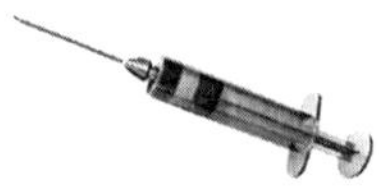

1. Nach der Schulzeit erlernt man einen **Beruf**.

2. Lena weiß nicht, ob sie **später Ärztin**, **Bäckerin** oder lieber **Lehrerin** werden möchte.

3. Peter weiß, dass er einmal als **Clown** im Zirkus auftreten möchte.

4. Toms Vater arbeitet als **Taxi**fahrer, um seine Familie zu **ernähren**.

5. **Während**dessen trägt seine Mutter **Päckchen**, **Zeitungen** und **Pakete** aus.

6. Manche Menschen arbeiten **ehren**amtlich. Dafür bekommen sie keinen **Lohn**, aber viele sind ihnen dafür dankbar.

7. Eine der Aufgaben des **Arztes** ist es, Menschen zu **impfen**, damit sie nicht krank werden.

D-RS	Name:	Datum:

Menschen arbeiten

Diktat / Informationstext

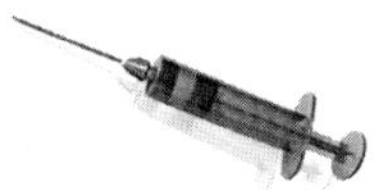

Viele Erwachsene sind **beruf**stätig. Während Tinas Papa als **Bäcker** seinen **Lohn** verdient, fährt ihre Mutter jeden Morgen viele **Zeitungen**, **Päckchen** und **Pakete** aus, um die Familie zu **ernähren**.

Tina möchte später **Ärztin** werden und viele Menschen gegen bestimmte Krankheiten **impfen**. Dafür lernt sie schon heute **fleißig**. Ihre Eltern und auch ihre **Lehrer** finden das gut.

Weißt auch du schon, welchen **Beruf** du später einmal ausüben möchtest?

D-TV	Name:	Datum:

Menschen im Ehrenamt

Viele Menschen engagieren sich ehrenamtlich.

Ohne sie und ihren Einsatz wäre unsere Gesellschaft „*arm dran*“, denn für ehrenamtliche Tätigkeiten bekommt man kein Geld. Manchmal ist DANK der einzige Lohn.

Kennst du einen solchen „STAR“?

- Führe gemeinsam mit deinem Partner ein Interview.
- Schreibt eure Fragen und die Antworten des Interviewpartners stichpunktartig auf.

Interview-Fragen	**Antworten deines Stars**

Kannst du dir vorstellen, selbst einmal im Ehrenamt tätig zu sein? Begründe.

D-RS	Name:	Datum:

Menschen arbeiten

Bist du fit?

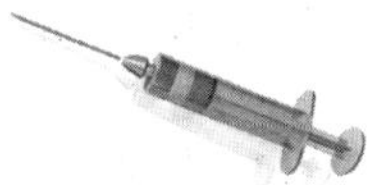

1. Wie heißen die Berufsbezeichnungen für Frauen?

	EZ	MZ
Sie stellt Brötchen und Brezeln her:		
Sie unterrichtet Kinder in der Schule:		
Sie gibt kranken Menschen Spritzen:		

2. Du findest in dem Gitterrätsel drei Namenwörter (Nomen). Kreise die Namenwörter farbig ein.

   Bilde daraus durch Anhängen der Nachsilbe ***–ig*** oder ***–lich*** Wiewörter (Adjektive). Schreibe diese **Wiewörter** auf.

H	F	B	E	R	U	F	
C	L	Z	H	W	T	L	
B	E	W	R	U	X	V	
E	I	H	E	C	Ö	E	
V	ß	L	O	I	K	A	

3. Bilde aus folgenden Wörtern ***Namenwörter*** (Nomen) mit der Nachsilbe ***-ung***.

   a) Zeit

   b) verletzen

   c) sammeln

   d) impfen

   e) entwickeln

   f) Schmutz

4. Schreibe zu folgenden Wörtern jeweils ein verwandtes Wort mit ***a*** auf.

Bäcker ______

Päckchen ______

ernähren ______

kräftig ______

Schärfe ______

5. Ergänze - **falls nötig** - den fehlenden Buchstaben.

Ta ___ i	sp ___ t	bo ___ en
Fe ___ nse ___ er	Lo ___ n	Pa ___ ket
___ lown	wä ___ rend	e ___ rlich

6. Schreibe zu folgenden Bildern einen passenden Satz.
   Achte auf die Rechtschreibung.

 ______

 ______

 ______

7. Setze diese Tunwörter (Verben) in die 1. Vergangenheit.
   Achte auf die Personalform.

gewinnen ich ______

impfen er ______

ernähren wir ______

Du hast von _____ Punkten _____ Punkte erreicht.

Note: ☐ ***Unterschrift***: ______________________

D-RS	Name:	Datum:

Medien und Werbung

Medien	Technik	Fernseher	Programm
Handy	Radio	Information	informieren
Computer	Zeitung	*Telefon*	entwickeln
geschehen geschieht	lassen	mehr	süß
Krieg	Frieden friedlich	Sturm	Feuer
Blitz	Entfernung	Land	tausende

Arbeitsaufgaben:

1. Lies alle Lernwörter laut und markiere die schwierigen Stellen.
2. Drehe das Blatt um. Welche Wörter weißt du noch?
   Schreibe sie auf, vergleiche und verbessere.
3. Ordne die Lernwörter nach Wortarten.
4. Schreibe die Lernwörter in Silben getrennt auf.
5. Lasse dir die Lernwörter diktieren! Vergleiche und verbessere.
6. Ordne die Medien nach dem ABC.
7. Setze nachfolgende Wörter in die Mehrzahl:

   Land ***Blitz*** ***Frieden*** ***Sturm*** ***Zeitung*** ***Krieg***

8. Finde zu folgenden Wörtern verwandte Wörter.
   Benütze die Wörterliste zum Nachschlagen.

   Fernseher ***entwickeln*** ***geschehen*** ***lassen*** ***süß*** ***Entfernung***

9. Schreibe die abstrakten Namenwörter mit Begleiter in Einzahl und Mehrzahl auf.

Medien	Technik	Fernseher	Programm
Handy	Radio	Information	informieren
Computer	Zeitung	*Telefon*	entwickeln
geschehen geschieht	lassen	mehr	süß
Krieg	Frieden friedlich	Sturm	Feuer
Blitz	Entfernung	Land	tausende

D-RS	Name:	Datum:

Medien und Werbung

Kurzdiktate

1. Tag:

Medien berichten über **Krieg** und **Frieden**, über **Stürme**, **Feuer**, **Blitz** und Hagel. Sie berichten über Dinge in unserer Nähe und in weit **entfernten Ländern**.

2. Tag:

Wir können über das **Telefon** oder per E-Mail (= elektronische Post) Menschen **blitzschnell** erreichen und **Informationen** über **tausende** von Kilometern verschicken.

3. Tag:

Die **Technik** der **Medien** begeistert uns alle. Sie hat Vor- und auch Nachteile. Wir sind zum Beispiel mit Hilfe der **Handys** immer und überall zu erreichen.

4. Tag:

Medien können unser Denken und unsere Meinung beeinflussen. Deshalb sollten wir uns vielseitig **informieren** und kritisch sein.

5. Tag:

Die **Technik** ermöglicht den **Medien**, Bilder, Stimmen und **Geschehnisse** anders darzustellen als sie in Wirklichkeit sind.

D-RS	Name:	Datum:

Medien und Werbung

Laufdiktat / Dosendiktat

Medien bestimmen unser Leben

1. **Medium** ist die Einzahl von **Medien**.

2. Das Wort kommt aus dem Lateinischen und bedeutet „*die Vermittler*“.

3. **Medien** übermitteln uns Nachrichten und **Informationen** aus der ganzen Welt.

4. Es gibt verschiedene **Medien**.

5. **Radio** und **Fernsehen** unterhalten und **informieren** uns.

6. **Computer** und Internet liefern uns **Informationen** und verbinden uns mit anderen Menschen.

7. Mit **Handys** und **Telefonen** können wir selbst mit weit **entfernt** lebenden Menschen sprechen.

8. Aus **Zeitungen** können wir uns über alles **informieren**, was auf der Welt **geschieht**.

9. Die **Techniken** des Computerzeitalters **entwickeln** sich schnell.

D-RS	Name:	Datum:

Medien und Werbung

Diktat / Informationstext

Auch die Werbung benützt die **Medien**, weil sie damit viele Menschen schnell erreichen kann.

In der **Fernseh**werbung werden auf allen **Programmen** für Kinder **Süßigkeiten**, **Handys**, Spielzeug und noch vieles **mehr** angepriesen.

Das **Radio**, das Internet und die **Zeitungen** machen ebenfalls Werbung für viele Artikel, die wir kaufen sollen.

Viele Kinder **lassen** sich beeinflussen und geben **mehr** Geld aus, als sie haben.

D-TV	Name:	Datum:

Werbung in den Medien

Klebe oder zeichne einen Gegenstand, den du gerne verkaufen möchtest.

Schreibe einen Werbetext dazu.

Verwende dabei treffende Tunwörter (Verben) und Wiewörter (Adjektive).

Stelle dein Werbeplakat aus.

D-RS	Name:	Datum:

Medien und Werbung

Bist du fit?

1. Schreibe das passende Wort mit Begleiter auf.

d) 

e) 

f) 

g) 

2. Nenne das verwandte Tunwort (Verb) in Grund- und Personalform (*1. Vergangenheit*).

	Grundform	1. Vergangenheit
Entwicklung ⇨		er
Geschehnis ⇨		es
Entfernung ⇨		sie

3. Setze das Tunwort (Verb) ***lassen*** in der Gegenwart ein.

a) Ich ____ mich von der Werbung beeinflussen.

b) Meine Mutter ____ mich nicht alles kaufen.

4. Setze folgende Namenwörter (Nomen) in die Mehrzahl:

a) der Blitz

b) die Zeitung

c) die Technik

d) der Sturm

e) das Feuer

5. Ergänze das Gegenteil des unterstrichenen Wortes.

Medien berichten über <u>Krieg</u> und ____________________ .

6. Diese Wörter sind falsch geschrieben.
Suche den Fehler, markiere ihn und schreibe dann das Wort richtig auf.

a) Informazion ____________________

b) fernsen ____________________

c) es geschiet ____________________

7. Ergänze.

PC *ist die Abkürzung für (Personal)* **C**____________________ .

8. Schreibe diese Zahl als Wort.

1000 ____________________

9. Bilde zusammengesetzte Wiewörter (Adjektive).

a) *schnell + Blitz* ____________________

b) *rot + Feuer* ____________________

c) *süß + Zucker* ____________________

10. ***Meer*** und ***mehr*** werden gleich gesprochen.
Überlege dir die Bedeutung dieser Wörter und setze sie dann richtig ein.

Wir machen Urlaub am ____________________ .

Ich wünsche mir ____________________ Taschengeld.

Du hast von _____ Punkten _____ Punkte erreicht.

Note: ☐ ***Unterschrift:*** ____________________

D-RS | Name: ______ | Datum: ______

Restekiste 1

1

Geheimnis
Durst
Hunger
Dreck
Nässe
Dummheit
Tiefe
Verspätung

2

streiten
steuern
spiegeln
kämmen
kreuzen
nähen
quälen
sammeln
vereinen
donnern

3

schieben
schließen
biegen
gießen
treffen
wiegen

Hier findest du verwandte Wörter.
Ordne sie richtig zu und schreibe sie in Tabellenform auf.

Verwandte

geheim	traf	Streit	Sammlung
bog	dumm	schloss	Donner
tief	Qual	Kreuzung	Kamm
durstig	Spiegel	wog	dreckig
goss	schob	Naht	nass
Steuer	Verein	hungrig	spät
Kreuz	durchnässt	verheimlichen	Schloss

Verwandte

D-RS	Name:	Datum:

Arbeitsaufgaben zur Restekiste 1:

1. Lies alle Lernwörter laut und markiere die schwierigen Stellen.
2. Drehe das Blatt um. Welche Wörter weißt du noch?
   Schreibe sie auf, vergleiche und verbessere.
3. Spiele mit deinem Partner oder in deiner Gruppe das Wörtermemory.
4. Ordne die Namenwörter (Nomen) auf Karte 1 nach dem ABC und setze sie, wenn möglich, in die Mehrzahl. Schreibe den Begleiter dazu.
5. Verpacke die Namenwörter in Sätze. Du darfst auch mehrere NW in einem Satz verwenden.
6. Bilde zu jedem Tunwort (Verb) der Karten 2 und 3 einen Satz in der 1. Vergangenheit.
7. Schreibe alle Tunwörter mit ***–ie*** auf und erkläre die Rechtschreibregel.
8. Schreibe alle Lernwörter mit doppeltem Mitlaut auf.
   Erkläre die Regel. Schreibe die Wörter in Silben getrennt auf.
9. Wortbausteine (Vor- und Nachsilben) verändern Wortarten.
   Bsp.: ***ge****heim* → *Geheim****nis*** → *heim****lich***

   Gib weitere Beispiele zu fünf Lernwörtern aus der Restekiste 1 an.
   Dein Wörterbuch hilft dir dabei.
10. Bilde sinnvolle Sätze, in denen mindestens drei verschiedene Lernwörter der Restekiste 1 vorkommen.
11. Sortiere die verwandten Wörter nach Wortarten und schreibe sie in Tabellenform auf.

Wörtermemory / Lernkartei

Geheimnis	**Durst**	**Hunger**	**Dreck**
Nässe	**Dummheit**	**Tiefe**	**Verspätung**
streiten	**steuern**	**spiegeln**	**kämmen**
kreuzen	**nähen**	**quälen**	**sammeln**
vereinen	**donnern**	**schieben**	**schließen**
biegen	**gießen**	**treffen**	**wiegen**

geheim	**traf**	**Streit**	**Sammlung**
bog	**dumm**	**schloss**	**Donner**
tief	**Qual**	**Kreuzung**	**Kamm**
durstig	**Spiegel**	**wog**	**dreckig**
goss	**schob**	**Naht**	**nass**
Steuer	**Verein**	**hungrig**	**spät**

D-RS	Name:	Datum:

Restekiste 1

Eigene Lernwörter-Texte

1. Schreibe gemeinsam mit einem Partner einen Dialog (das bedeutet, zwei Personen sprechen miteinander). Benützt dabei die verwandten Wörter aus der Restekiste 1.

Beispiel:

: *Ich habe ein Geheimnis.*

: *Geheimnisse sind geheim. Ich verrate nichts.*

2. Schreibe Sätze in der 1. Vergangenheit.

a) **Fahrrad – schieben – Werkstatt**

b) **Auto – biegen – Ecke**

c) **schließen – Tür – großer Schlüssel**

d) **Gießkanne – gießen – Blumenbeet**

e) **Lisa – Freunde – treffen**

f) **Elefant – wiegen – Tierpfleger**

D-RS	Name:	Datum:

Restekiste 1

Bist du fit?

1. Streiche den / die falschen Buchstaben durch.

Dre [ck / k]	Versp [ä / e] tung	sp [i / ie] geln	schlie [ß / s] en
kä [mm / m] en	n [äh / ä] en	st [eu / äu] ern	Nä [ss / ß] e

2. Wie heißt das verwandte Wiewort (Adjektiv)?

a) Durst ______ b) Hunger ______

c) Tiefe ______ d) Dummheit ______

3. Wie heißt das verwandte Namenwort (Nomen)?

kreuzen ______ streiten ______

quälen ______ vereinen ______

sammeln ______ wiegen ______

4. Entdeckst du vier Lernwörter? Schreibe sie in Schreibschrift auf.

HASEUNDKREUZBIEGENSICHUNDTREFFENDENNASSENDRECKIGENVOGEL

______

5. a) Nenne drei Wörter der Wortfamilie „***sammeln***“.

______ ______ ______

b) Nenne drei Namenwörter, die zur Wortfamilie „***donnern***“ gehören.

______ ______ ______

6. In den folgenden Sätzen stecken fünf Fehler.
   Kennzeichne sie grün und verbessere die falschen Wörter.

   a) *Wir kamen völig durchnäst an.*

   V.: ______________________

   b) *Ein Blik in den Spigel zeigte uns, wie dräckig wir waren.*

   V.: ______________________

7. Ergänze die Tunwörter (Verben) in der Tabelle.

Grundform	**Gegenwart**	**1. Vergangenheit**
treffen	ich ______________	ich ______________
______________	er schließt zu	er ______________
schieben	wir ______________	wir ______________
______________	sie biegt ab	sie ______________

8. Vervollständige diese Sprichwörter mit passenden Lernwörtern.

   a) *Jeder Mensch hat Höhen und* T__________.

   b) H__________ *ist der beste Koch.*

   c) Wer die Wahl hat, hat die Qu__________.

   d) Sp__________, Sp__________ *an der Wand, wer ist die Schönste im ganzen Land?*

   e) Das t__________ *den Nagel auf den Kopf.*

Du hast von _____ Punkten _____ Punkte erreicht.

Note: ☐ ***Unterschrift:*** ______________________

D-RS	Name:	Datum:

Restekiste

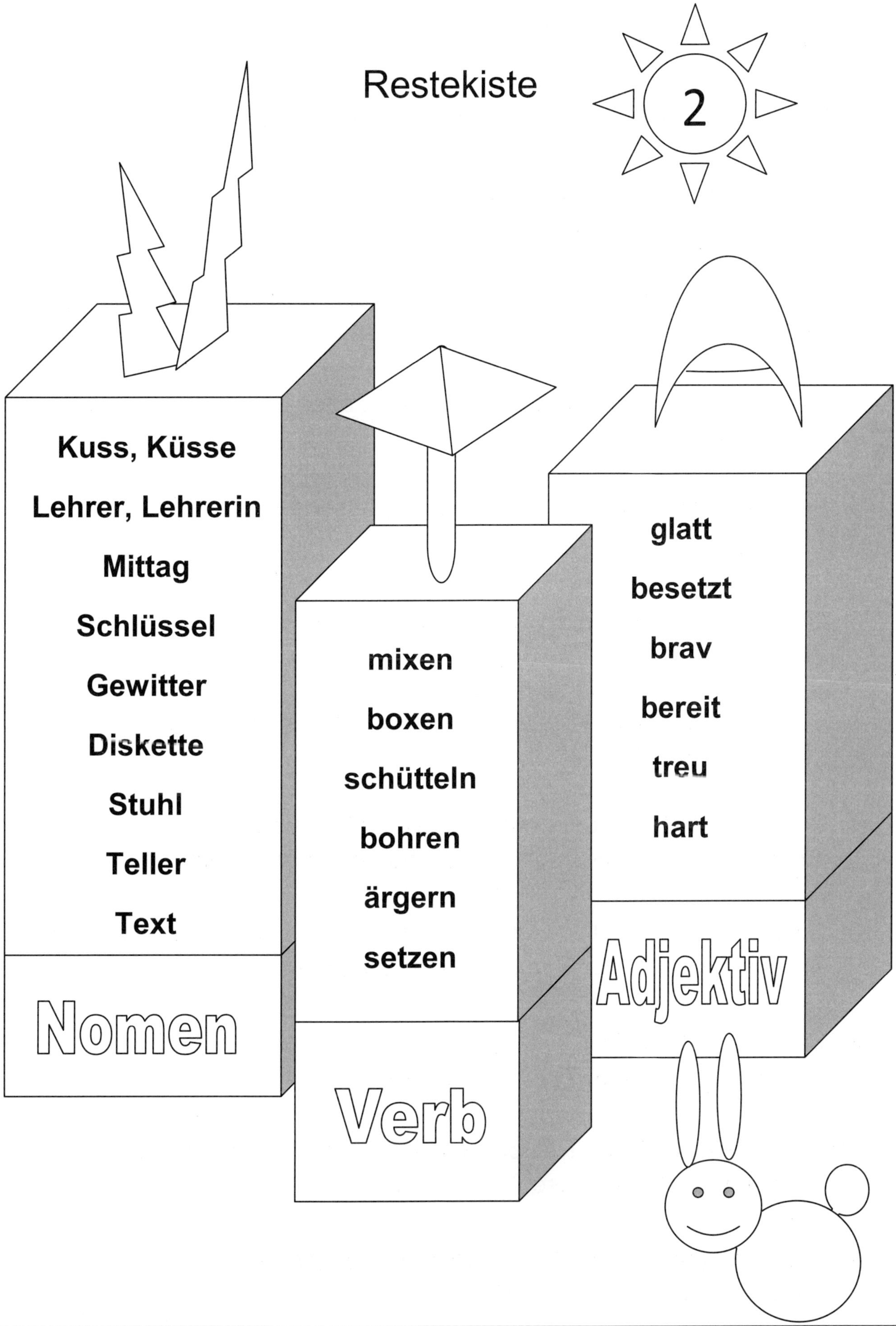

D-RS	Name:	Datum:

Arbeitsaufgaben zur Restekiste 2:

1. Lies alle Lernwörter laut und markiere die schwierigen Stellen.
2. Drehe das Blatt um. Welche Wörter weißt du noch? Schreibe sie auf, vergleiche und verbessere.
3. Ordne die Namenwörter (Nomen) nach dem ABC und setze sie in die Mehrzahl.
4. Verpacke die Nomen in Sätze. Du darfst auch mehrere Nomen in einem Satz verwenden.
5. Finde zu jedem Wiewort (Adjekiv) ein passendes Nomen.

   Bsp: *die glatte Straße*

6. Oft werden Wörter gleich gesprochen, aber unterschiedlich geschrieben.
   a) Schreibe die Lernwörter mit –***ks-*** Laut auf.
   b) Suche in der Wörterliste weitere Wörter mit dem –***ks-*** Laut und schreibe sie richtig auf.
7. Schreibe alle Lernwörter mit doppeltem Mitlaut auf. Erkläre die Regel. Schreibe die Wörter in Silben getrennt auf.
8. Schreibe zu jedem Tunwort (Verb) einen Satz in der Gegenwart und setze ihn dann in die 1. und 2. Vergangenheit.
9. Bilde sinnvolle Sätze, in denen mindestens drei verschiedene Lernwörter der Restekiste 2 vorkommen.
10. Zwei Lernwörter der Restekiste 2 stammen aus der gleichen Wortfamilie. Nenne diese.
11. Finde zu jedem Wort der Restekiste mindestens ein verwandtes Wort.

D-RS	Name:	Datum:

Restekiste 2

Laufdiktat – selbst gemacht

1. Formuliere sechs Sätze, in denen möglichst viele Lernwörter der Restekiste 2 vorkommen.
2. Vergleicht in der Gruppe eure Entwürfe und verbessert Fehler.
3. Wählt den besten Entwurf aus. Bittet den Lehrer, ihn zu korrigieren.
4. Schneidet das Laufdiktat entlang der gestrichelten Linien in Streifen.
5. Legt euer Laufdiktat gemeinsam aus und schreibt.

Laufdiktat von

1

2

3

4

5

6

D-RS	Name:	Datum:

Restekiste 2

Bist du fit?

1. Schreibe zu jedem Bild das passende Namenwort auf.

h)  ____________

i)  ____________

j)  ____________

k)  ____________

l)  ____________

m)  ____________

2. Folgende Wörter enthalten den ***ks***-Laut.
   Sprich laut und deutlich, setze dann fehlende Buchstaben ein.

   a) **b o __ e n** b) **m i __ e n**

   c) **F u ___** d) **T e __ t**

3. In jedem der folgenden Sätze sind zwei Wörter falsch geschrieben.
   Markiere und verbessere sie.

   a) *Mitags gehen die Schuler nach Hause.*

   V.: ____________

   b) *Sie ergern sich über die Leherin*

   V.: ____________

4. a) Zu dieser Wortfamilie gehört ein Wort nicht. Streiche es durch.

   besetzt **setzte** **Sitzkissen**

   Setzkasten **setzen** **Setzling**

   b) Zu welcher Wortfamilie gehört das durchgestrichene Wort?

   ____

5. Setze folgende Namenwörter in die Mehrzahl:

a) der Kuss ______

b) die Lehrerin ______

6. Ergänze die Tabelle mit Wörtern der jeweiligen Wortfamilie.

		Namenwort	Tunwort
geküsst	⇨		
gebohrt	⇨		
hart	⇨		
glatt	⇨		

7. a) Streiche in der Tabelle falsch geschriebene Wiewörter durch.

   b) Setze die Wiewörter in die Sätze ein.

besezt	***besetzt***
brav	***braf***
treu	***träu***
glatt	***glaht***

Das Eis ist spiegel______.

Ein Hund ist ein ______ Begleiter.

Die Toilette ist ______.

Das ______ Kind schreit nie.

Du hast von _____ Punkten _____ Punkte erreicht.

Note: ☐ ***Unterschrift***: ______________________

Wörter, die du immer brauchst:

ab	**bis**	**der**	**er**	**ich**	**kein** keine/keiner	**nun**	**sie**	**von**	**wenn**
aber	**bist**	**des**	**es**	**ihm**	**man**	**nur**	**sind**	**vor**	**wer**
als	**da**	**dich**	**euch**	**ihn/ihnen**	**mein** meine/meiner	**ob**	**so**	**wann**	**wie**
also	**dann**	**die**	**euer/eure**	**ihr/ihre**	**mich**	**oder**	**über**	**warum**	**wieder**
am	**das**	**dies** diese/dieses	**für**	**im**	**mir**	**oft**	**um**	**was**	**wir**
an	**dass**	**dir**	**ganz** ganze/ganzer	**immer**	**mit**	**schon**	**und**	**weil**	**wo**
auf	**dein** deine/deiner	**doch**	**her**	**in/ins**	**nach**	**sehr**	**uns** unsere/unser	**weiter**	**zu**
aus	**dem**	**du**	**hier**	**ist**	**nein**	**sein** seine/seiner	**unten/unter**	**wem**	**zum**
bei	**den**	**durch**	**hin**	**ja**	**nicht/nichts**	**seit**	**viel**	**wen**	**zur**
bin	**denn**	**ein** eine/einer	**hinter**	**jede** jeder/jedes	**nie**	**sich**	**vom**	**wenig**	**zusammen**

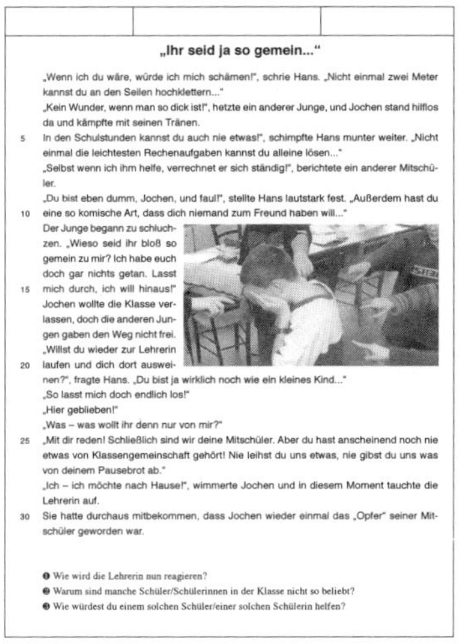

„Ihr seid ja so gemein..."

„Wenn ich du wäre, würde ich mich schämen!", schrie Hans. „Nicht einmal zwei Meter kannst du an den Seilen hochklettern..."
„Kein Wunder, wenn man so dick ist!", hetzte ein anderer Junge, und Jochen stand hilflos da und kämpfte mit seinen Tränen.
In den Schulstunden kannst du auch nie etwas!", schimpfte Hans munter weiter. „Nicht einmal die leichtesten Rechenaufgaben kannst du alleine lösen..."
„Selbst wenn ich ihm helfe, verrechnet er sich ständig!", berichtete ein anderer Mitschüler.
„Du bist eben dumm, Jochen, und faul!", stellte Hans lautstark fest. „Außerdem hast du eine so komische Art, dass dich niemand zum Freund haben will..."
Der Junge begann zu schluchzen. „Wieso seid ihr bloß so gemein zu mir? Ich habe euch doch gar nichts getan. Lasst mich durch, ich will hinaus!"
Jochen wollte die Klasse verlassen, doch die anderen Jungen gaben den Weg nicht frei.
„Willst du wieder zur Lehrerin laufen und dich dort ausweinen?", fragte Hans. „Du bist ja wirklich noch wie ein kleines Kind..."
„So lasst mich doch endlich los!"
„Hier geblieben!"
„Was – was wollt ihr denn nur von mir?"
„Mit dir reden! Schließlich sind wir deine Mitschüler. Aber du hast anscheinend noch nie etwas von Klassengemeinschaft gehört! Nie leihst du uns etwas, nie gibst du uns was von deinem Pausebrot ab."
„Ich – ich möchte nach Hause!", wimmerte Jochen und in diesem Moment tauchte die Lehrerin auf.
Sie hatte durchaus mitbekommen, dass Jochen wieder einmal das „Opfer" seiner Mitschüler geworden war.

❶ Wie wird die Lehrerin nun reagieren?
❷ Warum sind manche Schüler/Schülerinnen in der Klasse nicht so beliebt?
❸ Wie würdest du einem solchen Schüler/einer solchen Schülerin helfen?

Inhaltsübersicht:

1. Die Geldtasche vom Stadtpark (Zurückgeben von gefundenen Gegenständen)
2. „Hilfst du mir?" (Mithilfe daheim)
3. Wenn man eine Aufgabe übernimmt (Gewissenhaftigkeit)
4. Das Spiel (Jemanden hereinlegen)
5. Nur Spaß (Spaß ist nur, was allen Spaß macht)
6. In der Straßenbahn (Höflichkeit)
7. „Oma, du nervst mich!" (Verständnis für alte Menschen)
8. „Dir kann ich es ja sagen ..." (Versprechen halten)
9. In der Eisdiele (Unkenntnis eines anderen ausnützen)
10. Lügen haben kurze Beine (Lügen haben keinen Sinn)
11. Im Kaufhaus (Ladendiebstahl)
12. „Das ist unfair!" (Vorurteile)
13. „Dir werd`ich`s zeigen!" (Neid)
14. Angst (Horrorfilme)
15. „Ich hab`s genau gesehen" (Verpetzen)
16. Was keiner sieht ... (Umweltschutz)
17. „Ihr seid ja so gemein!" (Verspotten von Mitschülern)
18. „Komm fang mich!" (Verspotten von Mitschülern)
19. „Ich bin die Beste" (Eindruck machen wollen)
20. Schifahren (Imponiergehabe)
21. Der Unfall (Andere nicht zu Wort kommen lassen)
22. Geburtstag (Markenbewusstsein)
23. „So ein Krawall" (Lärmstörung)
24. Wir sind schlau (Vordrängen)
25. „Ich hab`s eilig" (Stress am Morgen, Schlamperei)
26. Die Fahrkarte (Hilfsbereitschaft)
27. Vom Leben vergessen (Außenseiter der Gesellschaft)
28. Auch wenn man nur die Wahrheit sagt (Auch die Wahrheit kann weh tun)
29. Wenn die Schule aus ist (Gedränge am Schulbus)
30. Hoch soll er leben (Ehrlichkeit)
31. Telefonitis (Lange Telefongespräche)
32. Au, jetzt hat er mich wieder gebissen! (Umgang mit Schulsachen)
33. Machen Kleider Leute? (Menschen nach dem Äußeren beurteilen)
34. So eine Dummheit! (Mutwillige Sachbeschädigung)
35. Auch wenn die Neugier groß ist ... (Briefgeheimnis)
36. Quäle nie ein Tier zum Spaß (Tierquälerei)

Du
Nr. 519 *40 Seiten* €11,90

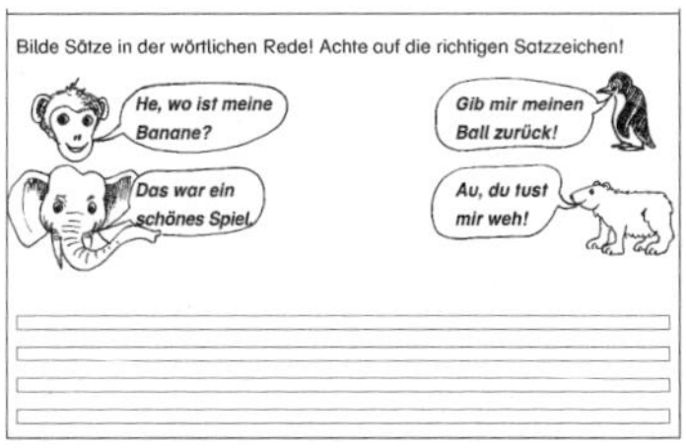

Bilde Sätze in der wörtlichen Rede! Achte auf die richtigen Satzzeichen!

He, wo ist meine Banane?
Gib mir meinen Ball zurück!
Das war ein schönes Spiel.
Au, du tust mir weh!

Zusammengesetzte Namenwörter

Finde die zusammengesetzten Namenwörter!

Satzarten

Wie heißen die Satzzeichen? Male sie in das Kästchen und schreibe den Namen auf!

Franz fordert jemanden zu etwas auf:
Hilde will etwas wissen:
Peter erzählt etwas:
Marion ruft etwas aus:

Setze die richtigen Satzzeichen ein!

Schnell, gehen wir zur Raubtierfütterung
Wann werden sie denn gefüttert
Die Löwen werden immer um 16.00 Uhr gefüttert
Was frisst ein Löwe
Ein Löwe bekommt bei einer Mahlzeit etwa 30 kg Fleisch und Knochen
Haben die einen Appetit
Ui, reißt der sein Maul auf

Erfinde zu diesem Bild von jeder Satzart einen Satz!

Inhaltsübersicht

Fürwörter
Abstrakte Namenwörter
Zeitangaben
Zeitwörter in Gegenwart und 1. Vergangenheit
Zeitwörter in der 1. und 2. Vergangenheit
Wortfelder
Satzarten
Wortarten
Satzglieder
Satzgegenstand
Satzaussage
Wörtliche Rede
Zusammengesetzte Namenwörter
Zusammengesetzte Eigenschaftswörter
Wortfamilien
Sammelnamen
Lösungsvorschläge

Das Skript enthält Arbeitsblätter mit Lösungen, Stations- bzw. Karteikarten und Probebausteine zu allen Themenbereichen

Deutsch kompakt 3 Bd. IV
Nr. 459 *116 Seiten* € 18,90

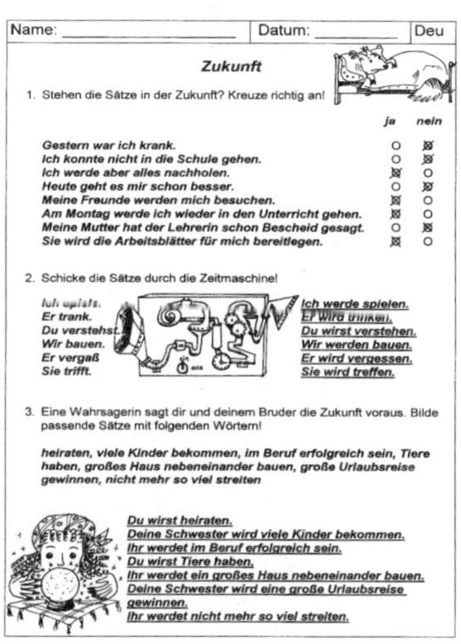

Name: ______ Datum: ______ Deu

Zukunft

1. Stehen die Sätze in der Zukunft? Kreuze richtig an!

	ja	nein
Gestern war ich krank.	○	☒
Ich konnte nicht in die Schule gehen.	○	☒
Ich werde aber alles nachholen.	☒	○
Heute geht es mir schon besser.	○	☒
Meine Freunde werden mich besuchen.	☒	○
Am Montag werde ich wieder in den Unterricht gehen.	☒	○
Meine Mutter hat der Lehrerin schon Bescheid gesagt.	○	☒
Sie wird die Arbeitsblätter für mich bereitlegen.	☒	○

2. Schicke die Sätze durch die Zeitmaschine!

Ich spiele. – *Ich werde spielen.*
Er trank. – *Er wird trinken.*
Du verstehst. – *Du wirst verstehen.*
Wir bauen. – *Wir werden bauen.*
Er vergaß – *Er wird vergessen.*
Sie trifft. – *Sie wird treffen.*

3. Eine Wahrsagerin sagt dir und deinem Bruder die Zukunft voraus. Bilde passende Sätze mit folgenden Wörtern!

heiraten, viele Kinder bekommen, im Beruf erfolgreich sein, Tiere haben, großes Haus nebeneinander bauen, große Urlaubsreise gewinnen, nicht mehr so viel streiten

Du wirst heiraten.
Deine Schwester wird viele Kinder bekommen.
Ihr werdet im Beruf erfolgreich sein.
Du wirst Tiere haben.
Ihr werdet ein großes Haus nebeneinander bauen.
Deine Schwester wird eine große Urlaubsreise gewinnen.
Ihr werdet nicht mehr so viel streiten.

Name: ______ Datum: ______ Deu

Sprichwörter und Redensarten

1. Kennst du die Redensart und ihre Bedeutung?

Redensart	Bedeutung
Den Kopf in den Sand stecken.	verzweifelt sein
Jemandem auf den Leim gehen.	auf jemanden hereinfallen
Unter einer Decke stecken.	gemeinsam etwas aushecken

2. Ordne die Redewendung der passenden Bedeutung zu!

a. beide Augen zudrücken	*d. sich sehr leicht tun*
b. den Kopf hängen lassen	*g. helfen*
c. sich etwas hinter die Ohren schreiben	*i. sich irren*
d. etwas aus dem Ärmel schütteln	*b. traurig sein*
e. von der Hand in den Mund leben	*a. sehr nachgiebig sein*
f. sich den Kopf zerbrechen	*c. sich etwas merken*
g. jemandem unter die Arme greifen	*f. nachdenken*
h. jemandem etwas in die Schuhe schieben	*h. einen beschuldigen*
i. auf dem Holzweg sein	*j. alles sagen*
j. kein Blatt vor den Mund nehmen	*e. nicht sparsam sein*

3. Zeichne die Redewendungen und erkläre sie deinem Nachbarn!

Mir geht ein Licht auf. *Ich falle aus allen Wolken.* *Er hat ein Brett vor dem Kopf.*

Inhaltsübersicht

Eigenschaftswörter helfen zu vergleichen
Zukunft
Das Namenwort in den vier Fällen
Satzergänzung im 3. und 4. Fall
Orts- und Zeitangaben
Bindewörter
Wortarten verändern
Wortfelder und Wortfamilien
Sprichwörter und Redensarten
Fremdwörter
Mündliche und schriftliche Verständigung
Bildzeichen

Das Skript enthält Arbeitsblätter mit Lösungen, Stations- bzw. Karteikarten und Probebausteine zu allen Themenbereichen

Deutsch kompakt 4 Bd. IV
Sprache untersuchen
Nr. 460 *119 Seiten* € 18,90

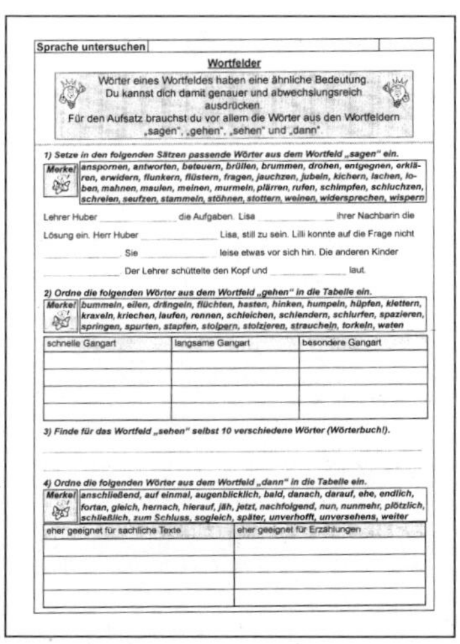

Sprache untersuchen

Wortfelder

Wörter eines Wortfeldes haben eine ähnliche Bedeutung. Du kannst dich damit genauer und abwechslungsreich ausdrücken. Für den Aufsatz brauchst du vor allem die Wörter aus den Wortfeldern „sagen", „gehen", „sehen" und „dann".

1) Setze in den folgenden Sätzen passende Wörter aus dem Wortfeld „sagen" ein.

Merke! *anspornen, antworten, beteuern, brüllen, brummen, drohen, entgegnen, erklären, erwidern, flunkern, flüstern, fragen, jauchzen, jubeln, kichern, lachen, loben, mahnen, maulen, meinen, murmeln, plärren, rufen, schimpfen, schluchzen, schreien, seufzen, stammeln, stöhnen, stottern, weinen, widersprechen, wispern*

Lehrer Huber ______ die Aufgaben. Lisa ______ ihrer Nachbarin die Lösung ein. Herr Huber ______ Lisa, still zu sein. Lilli konnte auf die Frage nicht ______. Sie ______ leise etwas vor sich hin. Die anderen Kinder ______. Der Lehrer schüttelte den Kopf und ______ laut.

2) Ordne die folgenden Wörter aus dem Wortfeld „gehen" in die Tabelle ein.

Merke! *bummeln, eilen, drängeln, flüchten, hasten, hinken, humpeln, hüpfen, klettern, kraxeln, kriechen, laufen, rennen, schleichen, schlendern, schlurfen, spazieren, springen, spurten, stapfen, stolpern, stolzieren, straucheln, torkeln, waten*

schnelle Gangart	langsame Gangart	besondere Gangart

3) Finde für das Wortfeld „sehen" selbst 10 verschiedene Wörter (Wörterbuch!).

4) Ordne die folgenden Wörter aus dem Wortfeld „dann" in die Tabelle ein.

Merke! *anschließend, auf einmal, augenblicklich, bald, danach, darauf, ehe, endlich, fortan, gleich, hernach, hierauf, jäh, jetzt, nachfolgend, nun, nunmehr, plötzlich, schließlich, zum Schluss, sogleich, später, unverhofft, unversehens, weiter*

eher geeignet für sachliche Texte	eher geeignet für Erzählungen

Das Skript „Fit für den Übertritt" orientiert sich an den von der Kultusministerkonferenz festgelegten Bildungsstandards im Fach Deutsch für den Primarbereich sowie an den Anforderungen der Prüfungsaufgaben im Probeunterricht.

Es umfasst die Teilbereiche „Rechtschreiben", „Sprache untersuchen",„Aufsatz" und „Lesen". Dabei werden im ersten ausführlicheren Teil die Grundkenntnisse wiederholt und - mit hilfreichen Tipps versehen - geübt. Im zweiten kürzeren Teil werden die Schüler mit Aufgaben, wie sie in Aufnahmeprüfungen vorkommen, sein Wissen auf den Prüfstand stellen. Im Anschluss daran befindet sich der Lösungsteil, mit dem Lehrer bzw. Schüler die Lösungen überprüfen können.

Aufgrund der speziellen Konzeption sind die Einsatzmöglichkeiten für dieses Buch sehr vielseitig:

• Unabhängig vom Sprachbuch kann das Skript das ganze Schuljahr über als Kopiervorlage für Arbeitsblätter verwendet werden. Damit wird der Unterrichtsstoff jeweils am Ende einer Unterrichtseinheit gesichert und vertieft und der Lernprozess erheblich vorangebracht. Im differenzierenden Unterricht kann der Lehrer übertrittswillige Schüler mit einem Arbeitsblatt fordern und fördern und sich selbst schwächeren Schülern widmen.

• Das Skript kann aber auch am Ende der vierten Jahrgangsstufe zur gesamten Wiederholung des Jahresstoffes eingesetzt werden. Der Lernstoff wird erneut aufgegriffen und durch die zahlreichen Übungsaufgaben weiter vertieft. Zu Beginn eines jeden Lerninhalts wird das Wichtigste kurz zusammengefasst und anhand von Beispielen erläutert. Der „Merkfuchs" gibt zusätzliche Hinweise oder Tipps und verweist auf Fehlerquellen, die - auf jahrelanger Unterrichtserfahrung basierend - immer wieder gemacht werden.

• Schließlich kann das Skript auch Eltern empfohlen werden, die ihr Kind optimal auf den Übertritt vorbereiten wollen. Dabei kann das Buch ganz durchgearbeitet werden oder es können gezielt die Teile herausgegriffen werden, in denen das Kind noch unsicher ist. Durch die direkte Anrede des Kindes und die Tipps vom „Merkfuchs" ist eigenständiges Arbeiten möglich. Mit dem ausführlichen Lösungsteil kann der Schüler seine Bearbeitung selbstständig überprüfen und korrigieren.

Fit für den Übertritt
Nr. 371 *ca. 86 Seiten* € 17,90